Antje Gerstenecker

Cafés & Ateliers Schwäbische Alb

Besondere Menschen und Orte laden ein

J. BERG

Inhalt

Verführung pur: ein duftender Kaffee und ein köstlicher Kuchen wie hier in der Melange in Balingen.

Freude Zeit
Pflüger

Vorwort

Kennen Sie diese Cafés, die Sie betreten und sich sofort zu Hause fühlen? In denen Sie in gemütlichem Ambiente einen duftenden Kaffee trinken und einen köstlichen Kuchen essen – und einfach den Moment genießen? Ob allein, mit der Familie oder mit Freunden – in aller Ruhe oder bei guten Gesprächen?

Oder sind Sie auf der Suche nach einem besonderen, ganz individuellen Geschenk für einen lieben Menschen, gefertigt auf der Schwäbischen Alb? Schauen Sie gerne einem Künstler bei seiner Arbeit im Atelier über die Schulter, oder möchten Sie vielleicht sogar selbst kreativ werden?

Ich habe mich auf der Schwäbischen Alb auf die Suche nach diesen ganz besonderen Cafés und Ateliers gemacht. Gefunden habe ich viele wunderbare Menschen, die mit viel Liebe und Herzblut ihr Café betreiben oder ihre großen und kleinen Kunstwerke herstellen – diese Menschen möchte ich Ihnen in diesem Buch vorstellen.

Allen Protagonisten möchte ich danken, dass sie sich die Zeit genommen haben, mir von ihren Ideen, Kreationen, Träumen und nicht zuletzt von ihrem Leben zu erzählen. Die mir ihr Vertrauen geschenkt und geduldig all meine Fragen beantwortet haben. Noch dazu haben sie mir die schönsten Ausflugsziele in ihrer Umgebung und einige ihrer Lieblingsrezepte verraten.

So finden Sie in diesem Buch jede Menge Inspirationen für erlebnisreiche und kulinarische Ausflüge auf die Schwäbische Alb, für charmante Cafés, interessante Ateliers und zauberhafte Geschenkideen sowie eine Vielfalt schwäbischer Lieblingsrezepte.

Ich wünsche Ihnen viele genussvolle Momente und wunderbare Begegnungen auf der Schwäbischen Alb!

Ihre Antje Gerstenecker

Im Café »einzig nicht artig« kann man bei leckerem Kuchen und ausgiebigen Gesprächen schon einmal die Zeit vergessen und einfach den Tag genießen.

Die nordöstliche Alb

Oh Mother

Wie daheim bei Mama oder Oma

Das Herz von Sabine Stephan schlug stets für die Gastronomie: »Eigentlich wollte ich immer in die Sternegastronomie und absolvierte erst einmal eine Ausbildung zur Köchin in der Traube Tonbach. Das waren spannende und auch sehr prägende Jahre.« Anschließend besuchte sie die Steigenberger Hotelakademie in Bad Reichenhall, bevor es sie wieder zurück in ihre Heimat, nach Berlin, zog. Dort ließ sie sich zur Restaurantfachfrau ausbilden und absolvierte ein Studium zur Food&Beverage-Betriebswirtin. Nebenher jobbte sie im Einzelhandel, um ihr Studium zu finanzieren.

Der Liebe wegen kam Sabine Stephan schließlich wieder in den Süden: »Als mein Mann ein Angebot bekam, kurzfristig beruflich nach Detroit zu gehen, entschlossen wir uns, in die USA umzuziehen. Dort sind dann auch unsere beiden Kinder geboren.« Voller neuer Eindrücke kehrte die Familie nach einigen Jahren wieder zurück. »Als ich dann überlegte, wie es für mich beruflich weitergehen sollte, merkte ich, dass ein Angestelltenverhältnis nicht das Richtige für mich ist. Ich wollte ein Café eröffnen, davon habe ich schon während unserer Zeit in den USA geträumt. Dort habe ich selbst gerne Zeit in Cafés verbracht und viele Leute kennengelernt. Genau so etwas wollte ich hier haben, etwas kleines Familiäres, wo sich alle wohlfühlen.«

Sie machte sich auf die Suche nach einer geeigneten Location und wurde schließlich in der malerischen Altstadt von Schwäbisch Gmünd fündig. »Ich wollte ein Café mit einer gemütlichen Wohnzimmeratmosphäre schaffen. Mit Homemade-Charakter, so als ob man bei Mama oder Oma zu Besuch ist und leckeren Rührkuchen und Kaffee serviert bekommt«, erklärt Sabine Stephan. »In meinem Café sind alle willkommen. Dass es selbstverständlich auch familienfreundlich ist und es neben einem Wickeltisch auch kostenlose Windeln gibt, war für mich normal – so kannte ich das Serviceangebot aus den USA.«

Im »Oh Mother« wird amerikanisches Frühstück mit lecker belegten Bagels, fluffigen Pancakes und Eiern serviert – dazu auf Wunsch auch deftig belegte Berliner Stullen. Außerdem gibt es verschiedene Rührkuchen, allen voran

OH MOTHER
Postgasse 3 • 73525 Schwäbisch Gmünd • Tel. 07171/9039751
Öffnungszeiten: Di–Sa 9–17 Uhr, So und Mo Ruhetag

Sabine Stephans Tipp

Der Himmelsgarten in Schwäbisch Gmünd ist ein schönes Ausflugsziel für die ganze Familie. Dort gibt es den Aussichtsturm Himmelsstürmer, eine große Kegelbahn durch den Wald, Minigolf und vieles mehr – außerdem befindet sich dort auch der Weleda-Garten mit dem zweiten Café.

das saftige Bananenbrot, für das das Café weit über Schwäbisch Gmünd hinaus bekannt ist. »Das Rezept habe ich aus den USA mitgebracht, ansonsten backen wir viel nach den Rezepten meiner Oma und wollen ein bodenständiges Angebot ohne viel Schnickschnack bieten. Etwa 80 Prozent unseres Angebots ist vegan.« Nachmittags stehen auch typisch amerikanische Sandwiches auf der Karte, darunter Klassiker wie Cheese-Sandwiches und BLT (Sandwich mit Bacon, Salat und Tomate).

So vereint das »Oh Mother« in gemütlichem Ambiente amerikanische und Berliner Spezialitäten im Herzen von Schwäbisch Gmünd. Die Gäste können nicht nur auf gemütlichen Stühlen sitzen, sondern sogar auf Schaukeln – mit so viel Schwung schmecken Kaffee und Kuchen gleich doppelt gut.

Sabine Stephan versucht, die Wege der Lebensmittel, die sie in ihrem Café verwendet, so kurz wie möglich zu halten: »Das Thema Nachhaltigkeit ist mir sehr wichtig, deshalb verwende ich hauptsächlich Bio-Produkte. Das Angebot halten wir immer saisonal, und so gibt es in den Wintermonaten hauptsächlich Kuchen mit Äpfeln, Birnen und Schokolade.« Auch ist es ihr sehr wichtig, keine Lebensmittel zu verschwenden: »Wir versuchen, nur so viele Kuchen und Speisen zu produzieren, wie wir wirklich brauchen – auch wenn es dann vorkommen kann, dass etwas am frühen Mittag schon ausverkauft ist. Das ist dann eben so – wenn weg, dann weg!«

Sollte doch etwas übrig bleiben, werden die Reste über die App »Too Good To Go« verkauft. Sie ermöglicht den Kundinnen und Kunden, Reste, die sonst weggeworfen werden müssten, kurz vor Geschäftsschluss zu einem vergünstigten Preis zu erwerben. Den Kaffeesatz verwendet Sabine Stephan im heimischen Garten: »Ich versuche wirklich, alles, was möglich ist, zu verwenden und den Abfall so gut es geht zu reduzieren.«

Von Anfang an wurde das »Oh Mother« sehr gut angenommen. Aus einer Mitarbeiterin wurden schnell zehn. Für das Café-Feeling zu Hause hat Sabine Stephan sogar ein eigenes Backbuch herausgegeben.

Seit einigen Monaten hat Sabine Stephan ein Café an einem zweiten Standort. Mit ihren Bagels und ihrem Kaffee-und-Kuchen-Angebot brachte sie ihr »Oh Mother« Konzept in den bestehenden Gastrobetrieb im Weleda-Erlebniszentrum in Schwäbisch Gmünd ein. »Die Location ist wirklich sehr schön, es gibt zwei Terrassen, und man kann entweder im Hof oder am Teich sitzen. So haben wir nun eine ›Oh Mother‹-Location mitten in der Innenstadt und eine mitten in der Natur – eine perfekte Kombination.«

Inmitten der malerischen Altstadt von Schwäbisch Gmünd können die Gäste Kuchen wie daheim bei Mama oder Oma genießen. Sabine Stephan setzt auf Nachhaltigkeit und serviert am liebsten bodenständige Kuchen und Sandwiches.

Banana Bread

The one and only

Zutaten
Für eine Kastenform (30 x 11 cm)

Für das Bananenbrot
3 braune, überreife Bananen
2 TL Zimt
5 TL Vanilleextrakt
50 ml Milch
3 EL Magerquark
3 Eier (M)
220 g Zucker
230 g Mehl
1 Päckchen Backpulver
1 Handvoll Walnüsse
1 Handvoll gehackte Blockschokolade
etwas Butter zum Einfetten der Form

Für die Dekoration
etwas gehackte Blockschokolade
2 kleine Bananen (längs halbieren)

Zubereitung
In einem Mixer oder mit dem Stabmixer die drei reifen Bananen, Zimt, Vanilleextrakt, Milch und Quark mixen.

Die Eier mit dem Zucker cremig aufschlagen.

Das Bananenmus zur Eiermischung hinzufügen und mit verrühren.

Anschließend das Mehl und Backpulver hinzufügen.

Zum Schluss die Walnüsse und gehackte Blockschokolade unterheben.

Eine Kastenform mit Butter einfetten und dann bei 170 °C Umluft für etwa 50–55 Minuten backen.

Nach etwa 15 Minuten die restliche gehackte Blockschokolade auf dem Kuchen verteilen und die halbierten Bananen mit der Längsseite nach oben ebenfalls auf den Kuchen legen und weiterbacken.

Biotal Bistro & Hofcafé

Nachhaltig genießen

Von dem 2019 eröffneten Hofladen und Café kennt Christoph Bosch, ein Teil der Biotal Hofgemeinschaft, buchstäblich jeden Zentimeter ganz genau. Die Biotal Hofgemeinschaft errichtete das Gebäude in fünfjähriger Bauzeit komplett selbst. Der Gemeinschaft war wichtig, so biologisch und regional wie möglich zu bauen – und sie erreichten ihr selbstgesetztes Ziel, dass 70 Prozent des Baumaterials aus maximal 30 Kilometer Entfernung kommen.

Wo heute der Hofladen und das Café stehen, wuchsen früher einige Eschen, die aufgrund einer Baumkrankheit gefällt werden mussten. Das Holz wurde für den Bau verwendet und bildet unter anderem die zentrale Stützkonstruktion des Gebäudes. Die mehr als 1,20 Meter dicken Wände bestehen aus Strohballen und einer Lehmschicht. Sie bieten eine perfekte Dämmung, sodass es im Sommer angenehm kühl ist und im Winter kaum Heizenergie benötigt wird. Vieles wurde hier recycelt – beispielsweise wurden viele gebrauchte Fenster und Bodenbeläge neu aufgewertet und verwendet.

Im Gebäude befinden sich ein großer Bioladen und ein Hofcafé. Hier können die Gäste auf der Galerie über dem Laden, im sonnendurchfluteten Wintergarten oder bei schönem Wetter auf der Terrasse direkt am Ufer der Brenz sitzen und über die weitläufigen Weiden blicken.

Christoph Bosch ist in der Biotal Hofgemeinschaft aufgewachsen. Er studierte Landwirtschaft in Hohenheim und Witzenhausen und brachte sein Wissen in die Hofgemeinschaft ein: »Wir produzieren auf unserem Bioland-Hof Milch, Käse, Joghurt, Quark, Fleisch und Wurst. Dazu bauen wir Getreide, Linsen, Gemüse, Salat und einiges mehr an – und produzieren Apfelsaft aus den Äpfeln unserer Streuobstwiesen.«

BIOTAL BISTRO & HOFCAFÉ
Biotal Hofgemeinschaft • Talstraße 23 • 89542 Eselsburg
Tel. 07324/983 34 99 • milchmobil.de
Öffnungszeiten: Mo–Fr 8.30–18.30, Sa 7.30–16 Uhr, So Ruhetag

KRONE

Vermarktet werden die Produkte über den Kornkreis, einen Zusammenschluss von rund 50 Landwirten aus der Region. Ganz besonders wichtig ist Bosch die Hirse, die er seit drei Jahren anbaut: »Die Hirse ist eine der ältesten Kulturpflanzen in Mitteleuropa und wurde seit der Eisenzeit bei uns angebaut. Früher war sie ein Grundnahrungsmittel für die Menschen, aber irgendwann ist sie in Vergessenheit geraten – völlig zu Unrecht, denn sie enthält wertvolle Inhaltsstoffe, viele Vitamine und ist glutenfrei. Für die Zukunft wird sie weltweit und auch für uns sehr wichtig werden, denn sie gedeiht auch bei großer Hitze und bei Trockenheit.«

Der Hirse kommt auch im Hofcafé eine wichtige Rolle zu. Aus ihr entstehen die Bratlinge für die vegetarischen Burger, die es jeden Freitag als Tagesessen gibt. Täglich wechselt der Mittagstisch, und es gibt eine reiche Auswahl von Suppen über Pizza und Flammkuchen bis hin zu Burgern – alles in Bio-Qualität, versteht sich. Auf das Vesperbrettle kommen hauptsächlich eigene Produkte. »Wir stellen verschiedene Käsesorten her, darunter Butterkäse, Hirtenkäse oder die ›Brenztalflocke‹, ein Weißschimmelkäse aus Kuhmilch. Auf dem Hof haben wir neben den Rindern und Wasserbüffeln auch Esel, Ziegen und Schafe – letztere werden jedoch nur zur Landschaftspflege eingesetzt.« Die Biotal Hofgemeinschaft betreibt auch das Milchmobil – einen Lieferservice, der Milch, Käse, Quark, Joghurt und Eier auf Bestellung an Haushalte in der Region liefert.

Sehr begehrt ist das Frühstücksangebot – und unbedingt probieren sollte man den lecke-

Im Biotal Hofladen & Bistro gibt es den besten Cappuccino weit und breit – kein Wunder, die frische Milch kommt direkt von den hofeigenen Kühen.
Im Café kann man wunderbar verweilen und den Blick über das Tal genießen.

ren Cappuccino: »Guter Kaffee ist uns sehr wichtig. Wir bereiten ihn mit unserer hochwertigen Siebträgermaschine zu. Die frische Milch kommt natürlich von unseren Kühen«, erklärt Christoph Bosch. »Wir wissen von allen Produkten, die wir hier verwenden, genau, wo sie herkommen. So beliefern uns Bio Bäcker aus der Region mit Kuchen, ›Wegga‹ und anderen Backwaren. Die Bio-Eier beziehen wir von unserem Partnerhof in Hürben.« Neben verschiedenen Säften werden im Hofcafé frische, selbstgemachte Limonaden serviert.

Die Biotal Hofgemeinschaft liegt direkt am Ufer der Brenz und am Eingang des landschaftlich äußerst reizvollen Eselsburger Tals mit seinen bizarren Felsformationen. Wer die Umgebung hier mit allen Sinnen genießen möchte, kann einen ganz besonderen Service in Anspruch nehmen: Das Hofcafé packt auf Bestellung Picknickkörbe, die liebevoll mit allerlei hauseigenen Spezialitäten gefüllt sind. So findet man darin einen Dinkelino- oder Hirsesalat, Gemüsesticks, Kräuterquark, selbstgemachten Schokokuchen sowie Kaffee oder ein kaltes Getränk und echtes Geschirr. So kann man stilvoll und stressfrei schlemmen und entspannen.

Christoph Boschs Tipp

Eine Wanderung durch das Eselsburger Tal, vorbei an den bekannten Felsformationen der Steinernen Jungfrauen, ist zu jeder Jahreszeit ein schönes Erlebnis. Unterwegs kann man mit etwas Glück die hofeigenen Wasserbüffel auf der Weide sehen. Ein ganz besonderes Naturschauspiel ist hier im Frühling zu beobachten, wenn in den Wäldern unzählige Märzenbecher blühen.

Hirse-Salat mit Honig-Senf-Dressing

Die Hirse ist eine sehr alte Getreidesorte mit vielen wertvollen Inhaltsstoffen.

Zutaten
Für 4 Personen

Für den Hirsesalat
250 g Hirse
2 Karotten
1 Bund Petersilie
2 Paprika (gelb und rot)
3 Frühlingszwiebeln
180 g Feta

Für das Honig-Senf-Dressing
8 EL Apfelessig
8 EL Rapsöl
2 TL Honig
2 TL mittelscharfer Senf
Salz, Pfeffer

Zubereitung
Die Hirse mit 500 ml Wasser aufkochen, nach Packungsangabe garen und abkühlen lassen.

Die Karotten, Petersilie, Paprika und Frühlingszwiebeln fein schneiden und mit der Hirse vermengen.

Den Feta in kleine Würfel schneiden und zum Salat geben.

Alle Zutaten für das Dressing mischen und kräftig mit Salz und Pfeffer abschmecken.

Das Dressing zum Salat geben und vermengen.

KOMME
CHZEIT

Markus Hummel

»Letterbube« und »Backbube« aus einer Hand

Wer die Handlettering-Kunstwerke von Markus Hummel bewundern möchte, muss nicht extra ein Atelier besuchen. Seine Handschrift gehört inzwischen schon zum Stadtbild von Ulm und ziert so manches Schaufenster, ebenso wie die Zimmer des »Me and All Hotels«.

Mit etwas Glück kann man dem Künstler live bei seiner Arbeit über die Schulter schauen – was so manchen Passanten zum Staunen bringt: »Ach, Sie malen das tatsächlich alles von Hand?«, wird er oft gefragt. Dass man Markus Hummel für die individuelle Beschriftung von Schaufenstern, Tafeln und Ähnlichem buchen kann, hat sich inzwischen herumgesprochen. Es entstehen immer wieder ganz besondere kleine Kunstwerke, die alle Blicke auf sich ziehen.

Inzwischen ist auch eine eigene Kollektion mit Postkarten, T-Shirts, Tassen und Christbaumkugeln entstanden, die er über seinen Online-Shop vertreibt. Wer mag, kann die Kunst des Handletterings sogar bei ihm in einem Kurs erlernen.

»Ich probiere gerne Neues aus«, erzählt der ausgebildete Schauspieler, der 15 Jahre lang an der Jungen Ulmer Bühne arbeitete. »Es hat mir viel Spaß gemacht, auf der Bühne zu stehen, aber ich habe eben noch zwei weitere Leidenschaften, die mich im Moment eventuell mehr erfüllen. Deshalb habe ich mich entschieden, der Theaterbühne den Rücken zu kehren und mich auf meinen Backblog und das Handlettering zu konzentrieren.«

Mit seinem Blog »Backbube« hat Markus Hummel sich bereits bundesweit einen Namen gemacht. »Vor elf Jahren habe ich in einem Restaurant gearbeitet, und eine Kollegin wünschte sich einen Geburtstagskuchen. Ich habe mich bereit erklärt, einen für sie zu backen und habe mich voll verkünstelt«, erinnert er sich. »Ich habe Bilder vom Kuchen auf meinen Social-Media-Kanälen gepostet und bekam tolle Reaktionen. Einige schrieben, ich solle doch einen Foodblog starten. Die Idee fand ich gar nicht so schlecht.«

Gesagt, getan. Er startete das Blog-Projekt umgehend. Seine Recherche ergab, dass es

LETTERBUBE/BACKBUBE

Markus Hummel • letterbube.de • backbube.com
Instagram: @letterbube, @backbube
Öffnungszeiten: nach Vereinbarung

Markus Hummels Tipp

Das Restaurant »Nö« bietet eine fantastische Küche. Mein Tipp ist das vegane 4-Gänge-Menü – es ist unglaublich, was der Koch und Inhaber Andreas Rehm, der ursprünglich aus der Sternegastronomie kommt, aus Gemüse zaubern kann. Die Plätze sind begehrt, daher unbedingt vorher einen Tisch reservieren (noe-ulm.de).

tatsächlich außer ihm noch keinen anderen Mann mit einem Backblog gab. Bei der Namenssuche half ihm ein Zufall. Beim Blättern in einem Magazin war eine Seite zerknickt, und statt Backstube war dort Backbube zu lesen. Ein Zeichen – der Name war gefunden!

»Einige Monate später saß Hummel im Publikum einer Podiumsdiskussion bei einer Bloggerkonferenz. Ein Google-Mitarbeiter stand auf der Bühne und fragte in die Runde: ›Wer von euch ist der Backbube?‹ Als ich mich zu erkennen gab, sagte er: ›Wie hast du es geschafft, ein Keyword zu finden, das tatsächlich kein anderer außer dir nutzt?‹ Unglaublich, aber wahr. Hätte ich versucht, so ein Keyword zu finden, wäre es mir sicher nicht gelungen«, schmunzelt er.

Dann ging alles Schlag auf Schlag. In der Südwestpresse erschien ein Bericht über ihn, und der Chef einer Kochschule wunderte sich, dass jemand ohne Ausbildung solche Kuchen und Torten backen kann. Er lud ihn ein, kostenlos an seinen Kursen teilzunehmen – ein Angebot, das Markus Hummel gerne annahm. Es folgten Fernsehauftritte bei »Enie backt«, eigene Backbücher und zahlreiche Kooperationen mit diversen Firmen im Foodbereich. »Durch die verschiedenen Kurse, Kooperationen und Pressereisen in etliche Länder habe ich unzählige neue Eindrücke gewonnen und konnte mich dadurch immer weiterentwickeln.«

Für Markus Hummel war es nicht nur spannend, die Entwicklung der letzten zehn Jahre im Bereich Foodblog und Foodfotografie zu verfolgen, er war selbst auch ein wichtiger Teil davon. »Ich mag keine Trends. Für mich steht das Regionale und Saisonale im Vordergrund. Es reizt mich, Rezepte für vegane Kuchen mit natürlichen Zutaten zu entwickeln.«

Neben dem Backen arbeitete Markus Hummel schon immer gerne kreativ und entdeckte zufällig den Kreativ-Blog von Frau Hölle. »Das Handlettering hat mich von Anfang an fasziniert, und ihre Arbeit hat mich so sehr inspiriert, dass daraus mein Kreativ-Label ›Letterbube‹ entstanden ist.« Inzwischen verbindet die beiden eine enge Freundschaft, und sie arbeiten des Öfteren zusammen.

Als »Letterbube« und »Backbube« beiden Leidenschaften, dem Handlettering und dem Backen, gleichzeitig nachgehen zu können, ist für Markus Hummel ein echter Glückfall und eine ideale Kombination. Für die Zukunft hat er schon viele Pläne: »Ich würde gerne einen Backbube-Podcast starten, der die Hintergründe und Entstehung der klassischen Rezepte beleuchtet und erklärt. Ich möchte zeigen, wie viel Spaß Backen machen kann, wenn man die Hintergründe des Backens und der Zusammensetzung der Rezepte versteht. Backen ist einfacher, als man denkt – und ich bin überzeugt, dass jeder backen kann!«

Markus Hummel hat viele Talente – seine Handlettering-Kunstwerke zieren Schaufenster, Speisekarten, Hinweisschilder, Postkarten und Christbaumkugeln. Noch dazu backt er göttliche Kuchen und Torten.

Pfitzauf-Grundrezept

Schwäbische Süßspeise

Zutaten

Für 6 Stück

Für die Pfitzaufs

125 g Weizenmehl
2 Eier (M)
250 ml Milch
1 Prise Salz
15 g zerlassene Butter

Außerdem

etwas Butter zum Einfetten der Form
Puderzucker

Zubereitung

Den Backofen auf 200 °C Ober-/Unterhitze vorheizen. Auf keinen Fall Umluft verwenden! Eine Pfitzauf-Form mit sechs Mulden oder sechs Soufflé-Förmchen/Tassen gut einfetten.

Mehl, Eier, Milch und eine Prise Salz in einer Schüssel mit dem Schneebesen so lange verrühren, bis alle Klümpchen gelöst sind. Danach die zerlassene Butter dazugeben und noch mal gut verrühren.

Den Teig in die Förmchen geben, diese zu etwa $^2/_3$ füllen, dann die Form in den Backofen stellen und den Pfitzauf für 40 Minuten backen. Während des Backens die Ofentür AUF GAR KEINEN FALL ÖFFNEN, da sonst die Pfitzaufs in sich zusammenfallen.

Nach Ende der Backzeit die Ofentür weitere 5 Minuten geschlossen lassen, dann die Pfitzaufs herausnehmen, vorsichtig aus der Form drehen, mit Puderzucker bestäuben und servieren.

Lui.Liebe Kids

Zauberhafte Accessoires

Was passiert, wenn eine werdende Mutter mit kreativer Ader nicht die passenden Accessoires für den eigenen Nachwuchs findet? Sie nimmt die Sache selbst in die Hand! So zumindest Luisa Degout, die vom Angebot in den Kinderläden nicht so richtig überzeugt war: »Es gab die meisten Spielsachen und Accessoires, wie zum Beispiel Schnullerketten, fast nur in den klassischen Babyfarben – in Blau für Jungs und in Rosa für Mädchen. Ich wollte aber lieber etwas in neutralen Farben, und da dachte ich – das kann ich besser!«

Aus Perlen in ihren Wunschfarben fertigte sie schließlich eine erste Schnullerkette für ihre Tochter Maya. Die Kette kam so gut an, dass viele auch so eine für ihre Kinder oder als Geschenk haben wollten. So produzierte Luisa Degout erst einmal weitere Schnullerketten für Freunde und Verwandte: »Das lief so gut an, dass ich eine Instagram-Seite einrichtete und dort Fotos der ersten Produkte veröffentlichte. Prompt trudelten Bestellungen ein, vor allem die Schnullerketten waren sehr begehrt.«

So entstand schließlich die Idee, das Hobby zum Beruf zu machen: »Ich liebe Holz und habe mich auf die Suche nach einem Hersteller in Deutschland gemacht, der Perlen aus unbehandeltem Holz produziert. Mir war wichtig, dass alle Sicherheitsstandards eingehalten werden. Ich hatte Glück und fand einen tollen Lieferanten, mit dem ich bis heute zusammenarbeite.«

Der Instagram-Account Lui.Liebe wuchs stetig, und es kamen immer mehr neue Follower hinzu. Luisa Degout erweiterte ihr Sortiment: »Ich habe nach der Geburt meiner Tochter darüber nachgedacht, was die Kinder wohl sonst noch brauchen könnten, und nahm dann auch Stoffprodukte aus Baumwolle mit auf.« So kamen wandlungsfähige Tücher dazu, die als Stilltuch, Spucktuch oder auch als leichte Tagesdecke für Babys verwendet werden können, ebenso wie Knisterspielzeug, Greiflinge, Beißringe, Kinderwagenketten, Mama-Shopper, Kulturbeutel und Windeltaschen. Durch das stetige Wachstum musste der Vertrieb nach der Geburt ihres Sohnes Vincent

LUI.LIEBE KIDS
Luisa Degout • Kirchstraße 56 • 73272 Neidlingen • Tel. 07023/748 82 20
luiliebe.de • Instagram: @lui.liebe
Öffnungszeiten: nach Vereinbarung

WARENPOST

vereinfacht werden, und so bastelte ihr Mann Patrick mit Unterstützung einer Bekannten einen eigenen Online-Shop.

Sehr beliebt sind auch die Beanie-Mützen, die mit verschiedenen Patches versehen sind. Ob neutral oder mit Bär, Löwe, Sonne oder Regenbogen – hier ist für jeden das Wunschdesign dabei. Das Beste: Die Beanie-Mützen gibt es nicht nur für Kids, sondern auch für Mama oder Papa. Passend zu den Beanie-Mützen gibt es kuschelige Loop-Schals für Groß und Klein. Beide Accessoires werden aufgrund ihrer angenehmen Trageeigenschaften von den Kunden sehr geschätzt.

Alle Produkte entwirft Luisa Degout selbst – die eigenen Kinder und Bedürfnisse immer im Blick: »Im Endeffekt richten sich meine Produkte nach meinen Kindern – ich überlege, was sie gerade benötigen und was ich davon selbst herstellen kann.« Die Farbpalette der Produkte umfasst viele gedeckte, pudrige Farbtöne, die immer neutral und harmonisch wirken. Alle Stoffe sind sehr hochwertig und biozertifiziert und stammen ausschließlich von deutschen Lieferanten. Genäht werden Luisa Degouts Designs von drei Näherinnen aus dem Ort.

Auch das Sortiment an Produkten aus Holz und anderen Materialien ist im Laufe der Jahre gewachsen. Eine Holzwerkstatt in Neidlingen fertigt Tonie-Box-Regale, Erinnerungsboxen und Schulkind-Stifteboxen nach Luisa Degouts Entwürfen, ebenso wie Milchzahndöschen, Schlüsselanhänger oder Cake-Topper für individuelle Kuchen zu den verschiedensten Anlässen.

Für ihr Label Lui.Liebe entwirft Luisa Degout zauberhafte Accessoires in neutralen und harmonischen Farben. Das Produktsortiment wächst stetig – dabei orientiert sie sich vor allem an den Bedürfnissen ihrer eigenen Kinder.

Auf Lui.Liebe Kids sind inzwischen auch regionale und überregionale Medien und Einzelhändler aufmerksam geworden. So wurde Luisa Degout für eine Kooperation mit der Zeitschrift »Eltern« und C&A angefragt. Dort gab sie Workshops und durfte auch die Goodie-Bags für verschiedene Veranstaltungen bestücken. Verschiedene Zeitungen berichteten über das neue Label und auch mehrere Einzelhändler haben inzwischen Produkte von Lui.Liebe in ihr Sortiment aufgenommen. Im Online Shop bestellen nicht nur Kundinnen und Kunden aus dem gesamten deutschsprachigen Raum, sondern auch aus anderen europäischen Ländern.

Lui.Liebe Kids wächst und wächst, da ist es gut, dass Luisa Degout auf die Unterstützung ihrer Familie zählen kann: »Mein Mann Patrick unterstützt mich, wo es nur geht, Oma und Opa betreuen die Kids, mein Papa hilft bei allem, was so anfällt, und sogar die Kinder helfen manchmal beim Einpacken.« Jede Bestellung kommt übrigens liebevoll verpackt in einem Baumwollsäckchen.

Manchmal kann sie selbst nicht glauben, wie sich ihr Label entwickelt hat: »Ich war wohl einfach mit der richtigen Idee zur richtigen Zeit am richtigen Ort«, schmunzelt sie. »Ich habe schon immer gerne kreativ gearbeitet und die Arbeit für Lui.Liebe erfüllt mich einfach. In meinem Atelier merke ich gar nicht, wie die Zeit vergeht – wenn man etwas mit Liebe macht, vergisst man einfach die Zeit.«

Luisa Degouts Tipp

Die Kugelmühle in Neidlingen ist eine der letzten Kugelmühlen. Hier werden Kugeln und Murmeln aus dem bunten Jura-Marmor der Schwäbischen Alb und dem Albvorland hergestellt (kugelmuehle-neidlingen.de).

Brokkoli-Salat

Von Freunden und Verwandten der Familie Degout oft als Mitbringsel zu Festen gewünscht.

Zutaten

Für 4 Personen als Beilage

500–600 g Brokkoli
150 g Bauchspeck (am besten in ca. 3 mm dicken Scheiben)
1 Zwiebel
1 Handvoll Körnermischung (z. B. Pinienlerne, Sonnenblumenkerne, Kürbiskerne)
3 EL Miracle Whip (gehäuft)
2 EL Rapsöl
2 Prisen Zucker
Salz und Pfeffer nach Belieben

Zubereitung

Den Brokkoli in kleine Röschen schneiden und waschen.

Den Bauchspeck in 0,5 cm breite Streifen schneiden und in einer Pfanne ohne Zugabe von Öl/Fett knusprig anbraten. Danach in eine kleine Schüssel umfüllen.

Die Zwiebel schälen und in kleine Würfel schneiden. Die Zwiebelwürfel im Fett des Bauchspecks ebenfalls in der Pfanne glasig andünsten. Danach in eine kleine Schüssel umfüllen.

Die Körnermischung in derselben Pfanne kurz anrösten. Ebenfalls in eine kleine Schüssel umfüllen.

Nun die Brokkoli-Röschen in eine große Schüssel geben. Miracle Whip, Rapsöl, den Bauchspeck, Zwiebel, Körner und 2 Prisen Zucker hinzugeben.

Nach und nach alle Zutaten vermengen und mit Salz und Pfeffer abschmecken (Salz bitte erst zum Schluss, da durch den Speck schon einiges an Salz in der Schüssel ist).

Maarstube Ziegelhütte

Mitten im bäuerlichen Leben

Wer in der Maarstube auf dem Demeter-Hof Ziegelhütte eine Rast einlegt, befindet sich mitten im Hofgeschehen. Der Kälberstall liegt direkt gegenüber dem Café, und es ist schwer zu sagen, ob nun die Kälber oder die Gäste den jeweils anderen neugieriger betrachten. Das Konzept des offenen Hofes ermöglicht den Besuchenden, einen Blick hinter die Kulissen der Landwirtschaft zu werfen, die Tiere aus nächster Nähe zu erleben, am Melkstand dem Bauern über die Schulter zu schauen und durch die Fenster zu beobachten, wie der hofeigene Käse hergestellt wird. Jeden Morgen werden die Kühe im Sommerhalbjahr auf die Weide geführt – und abends wieder zurück in den Stall. Ein schöner Moment, den die Gäste gerne beobachten.

Vor 25 Jahren haben Marianne Schnabel und ihr Mann mit weiteren Partnern die Hof Ziegelhütte GbR gegründet. Der Hof und das Land sind in gemeinnützigem Eigentum. »Uns hat die Verbindung von Landwirtschaft und Jugendarbeit gefallen. Nach dem Motto ›Leben, Lernen, Arbeiten‹ finden Jugendliche, die im Leben aus verschiedensten Gründen gestrandet sind, bei uns die Möglichkeit, wieder Fuß zu fassen und sich neu zu orientieren«, erklärt Marianne Schnabel das Konzept des Hofes. »Unsere Kühe, die biodynamische Landwirtschaft und die Jugendlichen prägen den bäuerlichen Alltag hier auf dem Hof.«

Die Fleckviehherde ist das Herzstück des Hofes. Die Kühe liefern die Milch für den köstlichen Käse: »Als wir damals angefangen haben, Käse herzustellen, war das etwas ganz Neues, und wir haben so manchen skeptischen Blick dafür geerntet«, erinnert sie sich. »Aber inzwischen kommen die Leute aus der ganzen Region, um bei uns Käse zu kaufen.« Auf dem Hof wird die ganze Bandbreite an Käse hergestellt – 15 verschiedene Sorten, von Frischkäse über Weichkäse und Schnittkäse bis hin zu Hartkäse. Besonders bekannt ist der Demeterhof Ziegelhütte für seinen charaktervollen Albkäse, der nach einem Schweizer Bergkäserezept im Kupferkessel hergestellt wird und im Gewölbekeller unter dem

MAARSTUBE ZIEGELHÜTTE
Hof Ziegelhütte GbR am Randecker Maar • Ziegelhütte 1/1
73266 Bissingen an der Teck (Ochsenwang) • Tel. 07023/71438 • hof-ziegelhütte.de
Öffnungszeiten: Do und Fr 15–18 Uhr, Sa und So 11–18 Uhr, in der Adventszeit geschlossen

Über den Hof Ziegelhütte

Marianne Schnabels Tipp

Eine Wanderung von Hepsisau durch das idyllische Zipfelbachtal hinauf auf die Albhochfläche ist auch für Kinder gut machbar, denn der Weg ist sehr kurzweilig, und unterwegs gibt es viel zu entdecken. Die Wanderung kann man sehr gut mit einem Besuch auf dem Hof verbinden. Anschließend sollte man unbedingt die herrliche Aussicht vom Randecker Maar aus genießen.

Bauernhaus reift. Vor einigen Jahren hat Kenneth Stange, Bauer und Käser am Hof, den Mostkäse entwickelt. Diese besondere Käsesorte aus Milch und Apfelsaft, gereift in einer Mostlake, überrascht mit einem einzigartigen Aroma den Gaumen. Eine weitere Spezialität ist der Weihnachtskäse, der jedes Jahr zu Weihnachten hergestellt wird und dann ein Jahr reifen darf. Die rare Spezialität ist nur erhältlich, solange der Vorrat reicht – und der ist schnell vergriffen.

Verkauft wird der Käse im eigenen Hofladen. Dort ist auch die Maarstube angeschlossen. Hier gibt es kleine Gerichte wie Käse- oder Schinkenbrot, Suppen, Maultaschen oder Saitenwürstchen mit Kartoffelsalat. Hofeigene Sauermilch und Kefir sind sehr beliebt, ebenso der Apfelsaft von den Streuobstwiesen. Die Kuchenauswahl wird von regionalen Bäckern geliefert. Der TEIKEI-Kaffee, der hier serviert wird, stammt aus einem Fair-Trade-Projekt in Mexiko. Er wird mit einem Frachtsegler nachhaltig und völlig emissionsfrei über den Atlantik nach Europa transportiert und ist rund zwölf Wochen unterwegs.

»Wir sind keine Gastronomie-Profis, aber wir machen das mit viel Liebe. Wer gerade Zeit hat, hilft im Hofladen und im Café mit – selbst die Bauersleute findet man mal hinter der Theke«, schmunzelt Marianne Schnabel. »Bei schönem Wetter ist hier jede Menge los, da kann es schon mal vorkommen, dass man warten muss. Deshalb mein Geheimtipp: Am besten kommt man hier bei Regen oder Nebel vorbei, dann bekommt man ganz sicher einen Platz.«

Die Maarstube ist ganzjährig geöffnet, nur in der Adventszeit bleibt sie geschlossen. Im Winter können die Gäste gemütlich am Holzofen sitzen, im Sommer stehen Plätze im Freien zur Verfügung. Ob drinnen oder draußen – hier verweilen die Gäste sehr gerne. In der Maarstube gibt es eine kleine Ausstellung mit Fossilienfunden aus dem nahegelegenen Randecker Maar. Die Wände schmücken Bilder mit Motiven aus der Umgebung, die der Fotograf Rolf Linnemann gemacht hat. Er wechselt die Bilder zu jeder Jahreszeit. Seine Fotografien sind auf Postkarten und Bildern ebenfalls im Hofladen erhältlich.

Ganz neu auf dem Demeter-Hof Ziegelhütte ist der Verkaufsautomat für Getränke und Käse, der immer zugänglich ist. Wer mag, kann frisch gestärkt einen Spaziergang entlang des Randecker Maars machen und dabei unterwegs eine Drachenskulptur bewundern, die seit 2012 hier steht und hinüber zur Limburg, einem Vulkanberg, blickt.

Höhepunkt des Hofjahres ist die »Sommerlust«, ein zweitägiges Kunsthandwerk-Ereignis, das jedes Jahr am ersten Juli-Wochenende stattfindet (aktuelle Informationen dazu gibt es auf der Website).

Der Verbindung von Landwirtschaft und Jugendarbeit reizte Marianne Schnabel und ihren Mann, als sie vor 25 Jahren auf den Demeter-Hof Ziegelhütte zogen. Bekannt ist der Hof auch für seine köstlichen Käsekreationen.

Schwäbischer Handkäs mit Musik

Ein leckeres, herzhaftes Vesper für eine Person

Zutaten für die Marinade

Olivenöl
Weinessig
Salz
Pfeffer
etwas Zucker

Außerdem

6–8 Scheiben Randecker Vesperkäse (alternativ Sauermilchkäse)
1 Zwiebel
Brot

Zubereitung

Die Zutaten für die Marinade nach Geschmack vermischen.

6–8 Scheiben Randecker Vesperkäse auf einen Teller legen. Feingeschnittene Zwiebelringe und die Marinade darübergeben.

Mit Brot servieren.

Holz und Kunst Stüble

Nachhaltige Möbel und Dekorationen

Die Liebe zum Holz und zum Bauen war bei Ramona Geist schon immer da. Schon als Kind werkelte sie oft in der Schreinerei ihres Opas und fertigte erste eigene Kreationen an. »Irgendwie war das in mir drin – das Bauen und Entwerfen eigener Möbelstücke hat mich immer fasziniert«, erinnert sie sich. »Ich habe als Teenie ganz selbstverständlich mit der Stichsäge gearbeitet und mir beispielsweise einen Tisch gebaut, habe die Türen meines Schranks ausgebaut und umgearbeitet und viele andere kleine Projekte in Angriff genommen.«

So ist es nicht verwunderlich, dass sie nach der Schule erst einmal eine Schreinerlehre in einem kleinen Betrieb absolvierte. »Die Arbeit als Schreiner ist eigentlich ein klassischer Männerberuf. Man muss schwere körperliche Arbeit verrichten, große Platten wuchten, Schränke tragen, auf Baustellen gehen, das fiel mir nicht leicht«, berichtet sie. »Aber ich durfte auch alte Kommoden restaurieren, selbst Sägefurnier herstellen und daraus Furnierbilder legen. Das gefiel mir.« Nach ihrer Lehre arbeitete sie eine Weile in einer Jugendwerkstatt und dann im Heilbronner Theater.

»Nach ein paar Jahren entschied ich mich, eine zweite Ausbildung als Grafik-Designerin in der Nähe von Freiburg zu machen.« Um das zu finanzieren, arbeitete sie nebenbei bei einem Restaurator – eine Arbeit, die ihr sehr gut gefiel und sie nachhaltig inspirierte. Auch ein dreimonatiges Praktikum bei einem Schaufenstergestalter während der Ausbildung zur Grafik-Designerin eröffnete ihr ganz neue Blickwinkel: »Dort habe ich gelernt, mit Farbe und Pinsel Plakate im Großformat und Schriftzüge zu malen und nicht am Rechner umzusetzen. Das war großartig!«

Die Liebe führte Ramona Geist, die ursprünglich aus dem Hohenlohe kommt, auf die Schwäbische Alb, die inzwischen zu ihrer Heimat geworden ist. Früher arbeitete sie hier als Grafik-Designerin, doch während der Elternzeit

HOLZ UND KUNST STÜBLE
Iltisgasse 40 • 73035 Göppingen • Tel. 07161/654 85 80 • holzundkunststueble.de
Öffnungszeiten: nach Vereinbarung oder auf gut Glück!

Amour
Bonheur
ELEGANTES

Ramona Geists Tipp

Der Waldeck-Hof in Jebenhausen lohnt immer einen Besuch. Der Hof wird landwirtschaftlich genutzt und ist ein Projekt zur Integration benachteiligter Menschen, die hier beschäftigt und qualifiziert werden. Die hofeigenen Produkte werden im Hofladen verkauft, und man kann sie im Hofcafé probieren. Auf dem Hof leben Schafe, Ziegen, Schweine, Rinder, Hühner, Gänse, Puten und Hasen.

begann sie, verschiedene Dinge aus Holz herzustellen und auf Märkten zu verkaufen. Erst fertigte sie kleine Accessoires wie Pflanzenstecker und Anhänger, dann kleine Möbel. Nebenher bemalte sie in Heimarbeit die bekannten Ostheimer-Figuren.

Schnell bekam sie immer mehr Anfragen für individuelle Projekte. Die gute Mund-zu-Mund-Propaganda sorgte dafür, dass mehr und mehr Aufträge ins Haus flatterten. Schließlich richtete sich Ramona Geist eine kleine Werkstatt in den Kellerräumen ein – aber auch hier wurde der Platz bald zu eng.

Es war eine gute Fügung, dass sie das zauberhafte Haus in Jebenhausen fand, das ideale Räumlichkeiten zum Wohnen und Arbeiten bot. Ramona Geist begann, eigene Produkte zu entwickeln. Schmuckkästchen, Holzschächtelchen für Streichhölzer, Holzvasen für Trockenblumen, kleine Deko-Häuschen aus Altholz und verschiedene andere Deko-Artikel. Für ihre Arbeiten verwendet sie Altholz, das sie von Freunden und Bekannten oder vom lokalen Zimmermann bekommt – oder zertifiziertes Holz aus nachhaltigem Anbau. Ihren individuellen Look erhalten die kleinen und großen

Kunstwerke durch pudrige Kreidefarbtöne und fragile Muster. »Für mich ist die Nachhaltigkeit der Produkte sehr wichtig. Die Menschen werfen viel zu viele Möbel einfach weg. Mir ist es wichtig, dass meine Truhen und Möbel auch in 100 Jahren noch so dastehen und immer wieder an die nächste Generation weitergegeben werden können.«

Ramona Geist liebt es, alte Möbelstücke aufzuarbeiten und ihnen einen ganz neuen und individuellen Look zu verpassen. In ihrem Lager haben sich schon unzählige alte Möbelstücke aller Art angesammelt: »Das Upcycling von alten Möbeln macht mir unglaublich viel Freude. Ich richte und bemale sie. Je nach Möbelstück verziere ich sie auch gerne mit filigranen und verspielten Mustern.«

Wer Lust hat, selbst einmal Möbel zu bauen oder Do-it-yourself-Projekte in Angriff zu nehmen, kann dies unter fachkundiger Anleitung lernen und bei Romana Geist einen Kurs belegen. Ob das Upcycling von Möbeln, der Bau eines Regals aus Schubladen, der Bau einer kleinen Kommode, das Gestalten von Deko-Accessoires, Truhen oder Tabletts aus Holzrohlingen – das Kursprogramm von Ramona Geist ist vielfältig, und das gemeinsame Gestalten ist eine inspirierende Erfahrung.

Auch Kurse für Kinder und Kindergeburtstage gehören zum Portfolio. So können Kinder zum Beispiel eine Blumenpresse, eine Kiste oder ein Vogelhäuschen bauen beziehungsweise verzieren und ein eigenes Produkt herstellen, das ganz sicher zu Hause einen besonderen Platz bekommt.

In Ramona Geists Holz und Kunst Stüble fühlt man sich sofort wohl und möchte am liebsten direkt selbst kreativ werden. Hier entstehen liebevoll verzierte Möbelstücke und Deko-Elemente im Vintage-Look.

Blatt- und Blütenpresse

Kleine Naturkunstwerke haltbar machen

Materialien

2x 10 mm Pappel-Sperrholzplatten, 29 cm x 24 cm
6er-Bohrer, Akkubohrer
4x Schlosserschrauben, M5 x 50 mm
8x Graukarton, 25 cm x 20 cm
4x Flügelmuttern, M5
Stück Schleifpapier

Anleitung

Zuerst alle Ecken und Kanten der Sperrholzplatten abschleifen.

Dann in alle acht Ecken der Holzplatten je ein Loch mit dem 6er-Bohrer bohren. Hierfür ca. 1,5 cm vom Rand einrücken.

Danach können Sie die zwei Holzplatten je auf einer Seite bemalen. Mit Wasserfarben, Bastelfarbe oder was Sie zu Hause haben. Gut trocknen lassen.

Jetzt die erste Holzplatte mit der schönen Seite nach unten nehmen. Die vier Schlosserschrauben von unten durchstecken. Legen Sie dann die Kartons mittig auf die Holzplatte. Danach die zweite Holzplatte mit der schönen Seite nach oben durch die Schlosserschrauben führen. Zum Schluss nur noch die Flügelmuttern aufschrauben und schon haben Sie eine eigene Blatt- und Blütenpresse.

Urwüchsig Caroline Wolf

Der Zauber der Blumen

Nachhaltig und im Einklang mit der Natur zu leben und zu arbeiten, ist für Caroline Wolf eine Herzensangelegenheit. »Ich hatte schon immer den Traum, ein Blumenatelier zu eröffnen«, erzählt sie. »Erst arbeitete ich mit konventionellen Blumen, doch der Wunsch vom eigenen, nachhaltigen Blumenanbau wurde immer stärker. Ich wollte möglichst keine Blumen mehr zukaufen, sondern alles selbst produzieren.«

Mit Unterstützung der Slowflower-Bewegung wurde dies 2020 tatsächlich möglich. »Es war schwierig, eine geeignete Fläche zu finden«, erinnert sich die gelernte Dekorateurin. Der Zufall half ihr schließlich: »Eine Braut, für deren Hochzeit ich die Blumendekorationen machen sollte, hatte den passenden Tipp für eine Wiese ganz in der Nähe, die zu verpachten war.«

Doch direkt loslegen konnte Caroline Wolf dennoch nicht. Erst musste eine Ausgleichsfläche für die Blumen-Anbaufelder gefunden werden. Auch hier half eine gute Fügung: »Seit ich mich entschlossen habe, im Einklang mit der Natur zu arbeiten, sind so viele schöne Dinge passiert, und ich hatte wunderbare Begegnungen mit anderen Menschen. Tatsächlich fügte sich vieles plötzlich ideal zusammen.«

Die Floristik hat sie sich selbst beigebracht – aber sicher hat ihr der Opa, der Gärtner war, die Liebe zur Natur mitgegeben. Auf ihrem Feld legte Caroline Wolf intuitiv los. Sie pflanzte die ersten Blumen und bald kamen zahlreiche Insekten und Vögel von ganz allein. Schnell entstand ein kleines Paradies. Eine Imkerin aus der Region hörte von dem Blumenfeld und fragte, ob sie dort ein Bienenvolk ansiedeln dürfte. Natürlich durfte sie – einem Bienenvolk eine Heimat zu bieten, passte perfekt in das Konzept von Caroline Wolf. Gleich im ersten Jahr gewann die Imkerin mit diesem Volk einen Preis für den besten Blütenhonig.

Je nach Witterung und Jahreszeit dient das Blumenfeld nun, neben dem Atelier, auch als

URWÜCHSIG

Caroline Wolf • Bühlstraße 16 • 73087 Bad Boll • Tel. 0172/778 36 62 • caroline-wolf.de
Öffnungszeiten: Fr 15–18.30 Uhr und Sa 10–14 Uhr

Caroline Wolfs Tipp

Einen entspannten Tag in der herrlichen Natur verbringen. Einfach die frische, selbstgemachte Blütenbutter einpacken und zur Ziegelhütte in Ochsenwang auf die Alb fahren. Sich dort ein frisches Brot kaufen und damit über das Randecker Maar spazieren, sich ein tolles Picknickplätzchen mit Aussicht suchen und genießen.

Outdoor-Location für Workshops, kleine Veranstaltungen, Picknicks oder Kindergeburtstage. Besonders beliebt sind Junggesellinnenabschiede und das Binden von zauberhaften Blumenkränzen. Zudem gibt es »Selbstpflücktage« mit Kaffee und Kuchen, an denen man gemeinsam Zeit verbringt und selbst einen Blumenstrauß pflücken darf. »Für die Workshops und Veranstaltungen bekomme ich wunderbares Feedback von den Teilnehmern, und durch die Mund-zu-Mund-Propaganda füllen sich die Kurse und Events meist sehr schnell«, freut sich Caroline Wolf.

Sie fertigt nach wie vor auch Blumenarrangements und Hochzeitsdekorationen auf Bestellung – alles aus den selbst angebauten Blumen – im Frühling, Sommer und Herbst aus frischen Blumen, in den Wintermonaten aus Trockenblumen. Zudem ergänzen Kräuter wie Salbei, Lavendel oder Rosmarin die Blütenpracht. »Unsere Blumensträuße und -gestecke halten genauso lang wie Gärtnerblumen. Schließlich entfällt der Lieferweg, denn ich pflücke die Blumen immer am selben Tag frisch vom Feld«, erklärt sie.

Auch bei der Auswahl des zusätzlichen Materials legt sie sehr großen Wert auf Nachhaltigkeit. So verwendet sie statt der üblichen Steckmasse Hasendraht für ihre Blumengestecke. »Das funktioniert genauso gut, kann immer wieder verwendet werden – das ist viel besser für die Umwelt. Auch auf der Suche nach einer Alternative für Heißkleber wurde sie fündig: »Ich nutze inzwischen Bienenwachskleber, der aus Bienenwachs und Harz hergestellt wird. Er wird durch das Kneten in der Hand weich und härtet dann aus. Für Blumenkränze funktioniert das sehr gut, und man kann diesen Kleber, ebenso wie den Hasendraht, immer wieder benutzen.«

Ein besonderes Steckenpferd von Caroline Wolf sind essbare Blüten: »Es gibt so viele wunderbare Blüten, die essbar sind und einem Kuchen oder einem Gericht optisch einen ganz besonderen Reiz verleihen. Allerdings sollte man sich vorab gut informieren, ob die Blüten tatsächlich ungiftig sind. Ganz wichtig ist selbstverständlich auch, dass die Blüten, die man verwenden möchte, nicht behandelt sind.«

Im kommenden Jahr möchte sie auch die Teeproduktion weiter ausbauen. »Wir sind jetzt im dritten Jahr mit unseren Blumenbeeten und probieren immer wieder neue Wege beim Anpflanzen und bei den Anbauvarianten aus. Ich liebe es einfach, mit Blumen zu arbeiten und den Menschen zu zeigen, wie wunderschön unsere Natur ist.«

Zusätzlich bietet sie in ihrem Atelier auch Workshops in Keramikmalerei an. »Die Kombination aus Blumen und Keramik funktioniert sehr gut. Die Kursteilnehmer können hier Rohlinge bemalen, verschiedene Maltechniken ausprobieren und ihrer Kreativität freien Lauf lassen.«

Mit ihrem Blumenatelier hat sich Caroline Wolf einen Traum erfüllt. Sie baut ihre Blumen selbst an und lebt im Einklang mit der Natur. So entstehen zu jeder Jahreszeit zauberhafte und nachhaltige Kunstwerke aus Blumen und Gräsern.

Essbare Blüten

Zauberhafte Dekorationen aus der Natur

Viele Blüten eignen sich wunderbar zum Dekorieren von Torten, Kuchen, Süßspeisen, Salaten, Dips etc. Das Beste daran:
Sie machen nicht nur optisch etwas her, sondern man kann sie direkt mitessen.

Wichtig ist, dass man wirklich nur essbare Blüten verwendet und diese unbehandelt sind!

Essbare Blüten sind:
Dahlie, Speisechrysantheme, Borretsch, Veilchen, Stiefmütterchen, Löwenmäulchen, Vergissmeinnicht, Rose, Glockenblume, Malve, Phlox, Kapuzinerkresse, Gänseblümchen, Ringelblume, Salbeiblüte, Tagetes, Lavendel, Schmuckkörbchen, Kornblume, Frauenmantel, Margerite, Aster ...

Auch getrocknet geeignet für Tee:
Ringelblume, Kornblume, Malve, Lavendel

Sehr lecker und eine ideale Dekoration für Salate und Suppen sind vor allem die Kapuzinerkresse (blüht auch in Rot und Weiß) und der Borretsch.

Blütenbutter

Carolin Wolfs Geheimtipp

Zutaten
Butter
essbare und unbehandelte Blüten
etwas Salz

Zubereitung
Butter einige Zeit bei Raumtemperatur stehen lassen, bis sie weich ist.

Blüten klein zupfen und frisch mit ein bisschen Salz unter die Butter rühren.

Die Butter zu einer Rolle formen oder in ein Gefäß geben und im Kühlschrank fest werden lassen.

Schmeckt auch hervorragend mit pflanzlicher Butter – sieht gut aus und ist köstlich.

LOVE.

Schmuckbar

Verrückt nach Perlen

Seit sie sich erinnern kann, haben Perlen Johanna Doll fasziniert. »Irgendwann habe ich angefangen, die Perlen auf die Angelschnur meines älteren Bruders zu fädeln. Das funktionierte super, nur mein Bruder war davon wenig begeistert«, erinnert sie sich lachend. »Schließlich einigten wir uns auf einen Deal: Ich machte ein Armband für seine Freundin und bekam dafür Angelschnur.« So entstanden unzählige Armbänder und Ketten.

»Eines Tages brachte meine Mama Glasperlen mit nach Hause, die eine Bekannte von ihr gefertigt hatte. Das hat mich total fasziniert, und ich wusste sofort, das will ich auch mal ausprobieren.« Tatsächlich durfte Johanna Doll dann einen Abend bei der Bekannten mitarbeiten und bekam einen ersten Einblick in das Herstellen von Glasperlen. »Die Faszination für die Glasperlen ließ mich nicht mehr los, und ich bekam zum Geburtstag meinen ersten Brenner geschenkt. Danach habe ich stundenlang im Keller gesessen und Perlen gebrannt. Am Anfang waren es eher Eier, aber nach viel Üben und zahlreichen Brandblasen wurden die Resultate immer besser.«

Nach der Schule fiel Johanna Doll die Entscheidung schwer – sollte sie ihren Traum verfolgen, Goldschmiedin zu werden, oder doch lieber eine Ausbildung in einer nahegelegenen Buchhandlung machen? »Ich schickte meine Bewerbungsunterlagen an die Goldschmiedeschule nach Pforzheim und bewarb mich gleichzeitig auch bei der Buchhandlung. Der Bewerbungsprozess in Pforzheim dauerte sehr lange, und bevor ich wusste, ob ich dort angenommen werde, bekam ich die Zusage von der Buchhandlung. Ich dachte, okay – dann mache ich eben das, und absolvierte meine Ausbildung zur Buchhändlerin.« Nach der Ausbildung arbeitete sie in einem Schmuckladen und lernte dort viel über die Materialzusammenstellungen bei den Schmuckstücken. Zudem gab Johanna Doll auch Workshops, in denen die Teilnehmer eigene Colliers und Armbänder kreieren konnten.

Während der Elternzeit konzentrierte sich die Dreifachmama auf ihre Familie. »Ich wollte immer eine große Familie haben und die gemeinsame Zeit entsprechend genießen«, erzählt sie.

SCHMUCKBAR
johannadoll.de • Instagram: @schmuckbar_weilheim
Öffnungszeiten: nach Vereinbarung

Johanna Dolls Tipp

Der Breitenstein bei Ochsenwang ist ein traumhaftes Ausflugsziel. Das über 800 Meter hoch gelegene Felsplateau bietet eine großartige Aussicht über das Tal, die Burg Teck und bis zum Stuttgarter Fernsehturm. Ein toller Ort für ein Picknick mit Ausblick.

Die Perlen spielten aber weiterhin eine große Rolle, und sie fädelte nebenher fleißig weiter. Ihr Perlenschmuck wurde bekannt, und immer mehr Kunden fragten nach individuellen Schmuckstücken. »Die Leute kamen mit ihren Abend- und Cocktailkleidern und fragten, ob ich farblich passenden Schmuck herstellen könnte. Genau das reizt mich am Herstellen von Perlen – man hat die ganze Farbpalette zur Verfügung und kann Perlen in sämtlichen Farbtönen herstellen und so kombinieren, dass sie perfekt zum Outfit passen.« Die persönlichen Empfehlungen sorgten dafür, dass immer weitere Bestellungen eintrudelten. 2019 radelte sie zufällig an einem leerstehenden Laden in ihrer Heimatgemeinde vorbei, der zu vermieten war. Sie ergriff die Gelegenheit und richtete sich eine kleine Verkaufsausstellung ein.

Nachdem Johanna Doll anfangs noch mit einem Eingasbrenner gearbeitet hatte, ist sie inzwischen auf einen Zweigasbrenner umgestiegen, der neben einem Brennstoff auch mit Sauerstoff arbeitet. Dadurch ist die Flamme heißer, reiner und leiser, was die Arbeit bei der Herstellung der Perlen vereinfacht. Zudem stellt sie Perlen aus Stoff, Papier und Modelliermasse her.

Ihre Perlen produziert sie nach wie vor in Heimarbeit: »Glasperlen herstellen ist meine Meditation am Morgen. Ich drehe in aller Ruhe die Perlen in der Flamme und lasse nebenher die Gedanken schweifen.« So entstehen unzählige Perlen in verschiedenen Größen, Farben und Formen – mal durchsichtig, mal opak, bunt oder mit Mustern verziert. Johanna Doll fertigt aus ihnen Ketten, Armbänder, Ringe und Ohrringe – verkauft aber auch die einzelnen Perlen und Perlenmischungen für Projekte der Kunden.

Im ersten Lockdown während der Corona-Pandemie erfüllte sie sich einen weiteren Traum und kaufte einen Keramikofen: »Seither stelle ich auch Keramikperlen her – ich bin einfach verrückt nach Perlen.«

Ihren Schmuck und die Perlen verkauft Johanna Doll regelmäßig auf verschiedenen Märkten in der Region. Die Besucherinnen und Besucher können dort live beobachten, wie die Glasperlen hergestellt werden. Zudem haben einige Läden in der Umgebung die Schmuckstücke von »Schmuckbar« in ihr Sortiment aufgenommen.

»Ich denke oft an die Perlenläden in Frankreich oder Holland mit ihren riesigen Ausstellungsflächen und der unendlich großen Auswahl. Dort sind die Perlenläden oft kombiniert mit Blumenläden – so etwas könnte ich mir hier auch gut vorstellen«, sinniert sie. »…und ich könnte mir auch vorstellen, meine Perlen mit Edelmetall zu kombinieren. Aber erst einmal möchte ich die gemeinsame Zeit mit den Kindern intensiv genießen.«

Das Drehen der Glasperlen ist für Johanna Doll pure Meditation.
In ihrem Atelier entstehen bunte Perlen aller Art, aus denen wiederum einzigartige und auf Wunsch auch individuelle Schmuckstücke entstehen.

Armband fädeln

Kleine Schmuckstücke selbst kreieren

Materialien

1 Handvoll buntgemischter und farblich abgestimmter Perlen nach Wahl (Johanna Doll verwendet gern ein paar facettierte Glitzerperlen und kleine Rädchen, sogenannte Spacer, dazu)

stabiles Gummiband

Anleitung

Nach Herzenswunsch oder Bauchgefühl einen etwa 19 cm langen Strang auffädeln (je nach Armgelenk). Asymmetrisch oder nach einer Farbfolge, ganz nach Belieben. Die Künstlerin setzt meistens nach fünf bis sechs Perlen einen Spacer und eine Glitzerperle in dieser Folge.

Wenn die Armbandlänge aufgefädelt ist, das Gummiband drei- bis viermal verknoten. Den Knoten in der letzten Perle verstecken, man kann ihn auch mit einem Tropfen Kleber fixieren.

Voilà – der Armschmuck ist fertig!

Toll auch fürs Frühjahr oder den Sommer als Fußkettchen!

Sulzburghof

Landidylle und Kuchenträume

Ein Blick in die Verkaufsvitrine des Sulzburghofs lässt das Herz von Kuchen- und Tortenfans höherschlagen. Hier reihen sich wahre Kunstwerke aneinander und eine Auswahl zu treffen, fällt richtig schwer. Wer sich schließlich entschieden hat, kann den entspannten Genuss mit einem herrlichen Blick über die Landschaft garnieren. Doch ein Besuch auf dem Sulzburghof ist viel mehr als nur die Einkehr in ein Café – hier können die Besucher Landwirtschaft in all ihren Facetten erleben.

Ein Themenweg mit neun Stationen führt durch den Hof zu den wichtigsten Bereichen des landwirtschaftlichen Betriebs. So kann man die Produkte kennenlernen, die auf dem Sulzburghof hergestellt werden, ebenso wie die tierischen Bewohner, allen voran die Kälbchen, die auf dem Hof geboren werden.

Die Idee für den Themenweg hatte Markus Hornung. Er ist gelernter ITler, und sein Steckenpferd ist das Marketing. Der Liebe wegen kam er zur Landwirtschaft. »Ich sah von Anfang an viel Arbeit auf mich zukommen. Die Familie meiner Frau hat mich schnell in den Hofalltag integriert, und ich konnte auch meine Ideen mit einbringen. Im Endeffekt mache ich jetzt dieselbe Arbeit wie vorher, nur in einem anderen Bereich«, schmunzelt er.

Vier Generationen arbeiten auf dem Sulzburghof zusammen – sogar die Kinder helfen tatkräftig mit und versorgen die Hasen und die Ziegen. Auf dem Hof wird eine riesige Bandbreite an Lebensmitteln produziert und im eigenen Hofladen verkauft: Milch, Käse, Eier, Getreide, Kartoffeln, Zwiebeln, Obst, Marmelade und natürlich die Backwaren: Kuchen, Torten, Brot, Brötchen, Hefezopf, Eis, Pralinen, Schokolade und vieles mehr.

Die Idee mit dem Hofladen hatte ursprünglich Markus Hornungs Schwiegermutter Angelika Kuch. Sie hatte eine starke Rinderhaarallergie und versuchte, durch den Verkauf ein zweites Standbein aufzubauen. Sie begann mit dem Milchverkauf und nahm bald auch Kartoffeln, Zwiebeln und vieles mehr mit in das Sortiment auf. Nebenher backte sie gerne Brot für den Eigenbedarf im Backhaus.

SULZBURGHOF

Hofladen – Hofstüble – Café • Max-Leuze-Straße 10–16 • 73252 Lenningen
Tel. 07026/601000 • sulzburghof.de
Öffnungszeiten: Di–Fr 8–18 Uhr, Sa 7–17 Uhr, So- und Feiertag 9–17 Uhr, Mo Ruhetag

Besucher des nahegelegenen Schneeschuhvereinshauses kamen zufällig vorbei, und der Duft des frisch gebackenen Brotes stieg ihnen in die Nase. Sie fragten, ob sie nicht etwas davon kaufen könnten. Angelika Kuch verkaufte ihnen einen Laib – er schmeckte ihnen so gut, dass sie eine Woche später wieder auf den Hof kamen, um Brot zu kaufen. So gesellte sich auch das Brot zum Verkaufssortiment, und sie backte erst einmal und bald mehrmals die Woche Brot im Backhaus im Dorf. Das sprach sich schnell herum, und die Nachfrage nach dem duftenden, knusprigen Brot war so groß, dass ein eigener Schamottofen angeschafft wurde. Die Nachfrage stieg weiter, und so backte Angelika Kuch schließlich fünf Tage die Woche Brot, Hefezöpfe, Kleingebäck und später auch Kuchen. 1999 wurde ein neuer Hofladen errichtet, und die Ladenfläche von 15 auf 45 Quadratmeter erweitert. 2009 wurde der Hofladen nochmals auf 90 Quadratmeter vergrößert, auch ein Stehtisch und ein paar Tische im Außenbereich kamen dazu, damit die Gäste Kaffee und Kuchen vor Ort genießen konnten. Das kam so gut an, dass ein Teil der Regale durch einen Sitzbereich ersetzt wurden.

Markus Hornungs Ehefrau Sandra absolvierte eine Ausbildung zur Konditorin und sorgte dafür, dass das Kuchen- und Tortensortiment stark ausgeweitet wurde. Ihre kunstvollen und köstlichen Tortenkreationen sind in der ganzen Region bekannt – auf Bestellung werden auf dem Sulzburghof Torten für alle möglichen Anlässe von Hochzeiten über Taufen bis hin zu Geburtstagsfeiern kreiert.

Vor allem an den Wochenenden herrscht auf dem Sulzburghof Hochbetrieb. Doch auch an den anderen Tagen kommen die vier Generationen kaum zur Ruhe – das große Angebot an köstlichen Kuchen und Torten lockt Gäste von weither an.

Der Hofladen erfreute sich so großer Beliebtheit, dass sich die Familie 2015 entschloss, diesen sowie das Café noch einmal zu vergrößern und einen Wintergarten und eine große Terrasse hinzuzufügen. Seither kommen die vier Generationen auf dem Sulzburghof kaum mehr zur Ruhe. Gäste aus nah und fern strömen auf den Hof – zum Schauen, Einkaufen, Genießen und zum Spielen.

Das Sortiment wird ständig erweitert. Sandra Hornung probierte noch während der Ausbildung zur Konditorin bei einer Kollegin hausgemachte Pralinen und war so begeistert, dass sie zu Hause selbst begann zu experimentieren. »Meine Mutter schenkte mir zum Geburtstag ein Set zur Herstellung von Pralinen. Das machte mir so viel Spaß, dass ich aus lauter Begeisterung viel zu viele produziert habe«, lacht sie. »So wagten wir den Versuch, die Pralinen zu verkaufen, und sie fanden sofort reißenden Absatz. Unsere Kunden sind einfach toll, sie sind offen für alles – das ermutigt uns, immer wieder Neues auszuprobieren.«

So werden auf dem Sulzburghof neben Pralinen und Schokolade auch verschiedene Eissorten hergestellt. »Unsere Produkte stellen wir ohne Zusatz- und Konservierungsstoffe her. Die einzelnen Zutaten stammen weitgehend von unserem Hof. Wir haben so unfassbar viele Ideen, aber schaffen es leider zeitlich nicht, alles umzusetzen«, erzählt Markus Hornung. »Aber es ist großartig zu sehen, wie viele Ideen auch unsere Mitarbeiter mit einbringen, und wir ermutigen sie auch, diese umzusetzen. Diese Projekte sind eine schöne Erfahrung für uns alle«, fügt Sandra Hornung hinzu.

Längst wurde auch die Speisekarte erweitert, und man kann wahlweise süß oder deftig speisen. Rund ums Jahr finden zudem zahlreiche Veranstaltungen statt.

S. & M. Hornungs Tipp

Ein schöner Spaziergang führt vom Hof zur Sulzburg. Von der Ruine bietet sich ein herrlicher Blick über das Lenninger Tal und den Albtrauf. Zurück geht es dann entlang eines kleinen Bächles und durch das Wohngebiet bis zum Sulzburghof (Dauer ca. 45–60 Minuten).

Beerentraum

Eine der beliebtesten Torten auf dem Sulzburghof

Zutaten

Für eine Springform (28 cm)

Für den Boden und den Deckel

4 Eier (M)
100 g Butter
300 g Zucker
10 g Vanillezucker
125 g Mehl
10 g Backpulver
50 ml Milch
50 g Mandelblättchen
1 Prise Salz

Für die Füllung

30 g Marmelade (passend zu den Beeren)
1 dünne Scheibe Biskuitboden (max. 1 cm dick)
500 g Sahne
Mark einer Vanilleschote
700 g Beeren nach Belieben und Saison

Zubereitung

Eier trennen. Die Eigelbe mit der weichen Butter, der Hälfte des Zuckers und dem Vanillezucker schaumig rühren. Mehl und Backpulver mischen und mit der Milch unter die Buttermasse rühren.

Das Eiweiß wird mit der anderen Hälfte des Zuckers und einer Prise Salz steif geschlagen.

Die Teigmasse auf zwei Ringe oder Springformen à 28 cm Durchmesser gleichmäßig verteilen und glatt streichen.

Auf einem der Böden das Eiweiß wellenförmig auftragen und mit den Mandelblättchen bestreuen.

Die zwei Böden bei 190 °C Ober-/Unterhitze etwa 15 Minuten backen, bis sie goldgelb, hellbraun sind. Den Boden mit dem Baiser auf der unteren Schiene backen und weitere 5 Minuten bei leicht geöffneter Backofentüre im Backofen lassen, damit das Eiweiß durchtrocknet.

Nach dem Auskühlen den Boden ohne Baiser mit Marmelade bestreichen und den dünnen Biskuitboden darauflegen.

Sahne mit dem Mark der Vanilleschote steif schlagen und die Hälfte auf dem Biskuitboden verteilen. Nun die Beeren auf der Sahne verteilen (Erdbeeren sollten klein geschnitten werden) und restliche Sahne dann auf den Beeren glatt streichen.

Den Boden mit dem Baiser am besten vorher in Stücke schneiden, damit man die Torte gut anschneiden kann und dann auf die Sahne geben. Die Torte sollte mindestens 2–3 Stunden im Kühlschrank durchziehen.

Wer im Winter nicht auf die leckere Torte verzichten möchte, kann Mandarinen oder tiefgefrorene Himbeeren verwenden.

TIPP

Ausgekratzte Vanilleschote niemals wegwerfen, sondern mit Zucker bedecken. So entsteht bester Vanillezucker!

Emmelbi

Individuelle Täschchen

Emmelbi – so nannte Corinna Mayer-Schmidt als Kind die bunten Schmetterlinge. Irgendwie war ihr schon immer klar, dass dieses fantasievolle Wort sie ein Leben lang begleiten und zu etwas Besonderem werden sollte. Schon als Kind war sie sehr kreativ und liebte es, immer neue Bastelprojekte umzusetzen. Sie verbrachte viel Zeit bei ihrer Oma und entwarf mit ihr neue Designs aus alten Feinstrumpfhosen und Stoffresten.

Die Kreativität und die Lust, etwas Neues zu kreieren, begleiten sie bis heute. »Mein erstes eigenes Produkt waren Kosmetiktäschchen – selbstgenäht und mit verschiedenen Sprüchen bedruckt. Weil es mir so viel Spaß machte, nähte ich gleich eine ganze Ladung davon. Meiner Mutter gefielen sie so gut, dass sie die Täschchen mit zur Arbeit nahm und tatsächlich alle auf einmal an ihre Kolleginnen verkaufte«, erzählt Corinna Mayer-Schmidt. »Das motivierte mich, weiterzumachen und zum ersten Mal einen Stand auf dem Weihnachtsmarkt auf dem Sulzburghof anzumieten.« Es folgten geschäftige Wochen in der Täschchen-Produktion, und der Erfolg auf dem Weinachtsmarkt gab ihr recht. Die Kosmetiktäschchen fanden reißenden Absatz, und es kamen erste Anfragen nach individualisierten Produkten. So wurden es immer mehr Designs – vom »Aufbrezeltäschle« über »Du bist toll« bis hin zu persönlichen Widmungen und individuellen Beschriftungen mit dem jeweiligen Namen, Glückwünschen und Unterschriften.

Das Kosmetiktäschchen entpuppte sich als ideales Geschenk für verschiedene Gelegenheiten: »Viele wollten die Täschchen verschenken – zu Geburtstagen, vor Auslandsaufenthalten, als Abschiedsgeschenk für Kollegen und Kolleginnen oder einfach so als kleine Aufmerksamkeit mit individueller Note.« Für Corinna Mayer-Schmidt war schnell klar, dass dieses Konzept auch mit anderen Taschen funktionieren musste: »Ich experimentierte herum, und es entstanden neue Modelle – ein kleines Täschchen für den Schlüsselbund, ein Schlampermäppchen, eine Windeltasche, ein Kulturbeutel, ein ›Dreckspatztäschle‹ für die schmutzige Kleidung im Kindergarten und eine große Badetasche, die viel Platz für alles bietet, was Mamas auf Ausflügen oder im Schwimmbad

EMMELBI

Im Hurnäussle 10 • 73252 Lenningen • Tel. 0172/7666139 • emmelbi.de

Öffnungszeiten: nach Vereinbarung

MEINE WELT
wegen dir
MUSCHEL sammler
Weiber KRAM
FREUNDIN
hey du,

C. Mayer-Schmidts Tipp

Ein »Must-See« in Unterlenningen ist der Sattelbogen. Ob zu Fuß oder mit dem Fahrrad, der »Durchgang« – bei manchen Schwaben auch »die Luck« genannt – fasziniert immer wieder aufs Neue. Ein herrliches Fleckchen Erde.

benötigen.« Wichtig ist für sie, dass die Täschchen gleichzeitig praktisch durchdacht und optisch ein Hingucker sind.

»Emmelbi« wurde zur Marke und nahm mehr und mehr Platz im Haus der Familie Mayer-Schmidt ein. »Das Wohnzimmer ist meine Nähstube, im Hobbyraum und im Flur habe ich meine Verkaufsräume eingerichtet, und die Zimmer im Untergeschoss dienen als Lager. Ich glaube, inzwischen gibt es im ganzen Haus keinen Raum mehr, in dem Emmelbi nicht vertreten ist«, schmunzelt Corinna Mayer-Schmidt. Ihre Familie trägt es mit Fassung – Emmelbi ist längst zu einem echten Familienmitglied geworden. Viel Hilfe und Unterstützung bekommt sie von allen Familienmitgliedern noch dazu, dafür ist sie sehr dankbar.

Vor allem in den Monaten vor Weihnachten gibt es viel zu tun. Dann stehen die zahlreichen Märkte an, auf denen Corinna Mayer-Schmidt ihre Emmelbi-Taschen verkauft. »Tatsächlich habe ich nicht einmal Zeit, unser Haus weihnachtlich zu dekorieren – zur Entschädigung bekomme ich auf den Märkten genug Weihnachtsfeeling mit.«

Nach Weihnachten ist dann die Zeit für neue Ideen und Entwürfe, für das Zuschneiden und Produzieren der Täschchen. »Ich bin immer mit offenen Augen unterwegs, um neue Stoffe und Ideen für die Täschchen zu finden.

Oft bekomme ich auch tolle Tipps von Kundinnen«, erzählt die gelernte Einzelhandelskauffrau.

Frei nach dem Motto »Geht nicht, gibt's nicht!« reizt es Corinna Mayer-Schmidt besonders, die Ideen der Kundinnen und Kunden umzusetzen: »Ich liebe es, die Täschchen individuell nach den jeweiligen Wünschen zu gestalten. So wird jedes Täschchen zu einem echten Unikat und zu einem ganz besonderen Geschenk. Vor allem Babysachen mache ich sehr gerne, da kann ich mich so richtig austoben.

Emmelbi wächst mit dem Alter meiner Kinder und mit meinen eigenen Ansprüchen immer weiter. Ich habe viele Ideen für neue Produkte, und ich freue mich schon sehr darauf, diese umzusetzen, auch wenn mir im Moment noch die Zeit dafür fehlt.«

Wer ein ganz persönliches Geschenk mit individueller Aufschrift sucht, ist bei Corinna Mayer-Schmidt genau richtig. Mit viel Liebe stellt sie bunte Taschen und Täschchen in ganz individuellem Design her.

Kartoffelsalat

Das Geheimrezept von Corinna Mayer-Schmidt

Zutaten

Für 4 Personen

800–1000 g Salatkartoffeln (Sorte: Belana oder Annabelle)
1 Zwiebel
2–3 TL gekörnte Gemüsebrühe
Weißweinessig
Sonnenblumenöl
Salz
Pfeffer

Zubereitung

Kartoffeln kochen und abkühlen lassen.

Kartoffeln schälen und je nach Geschmack dünn oder etwas dicker rädeln (in Scheiben schneiden) – die Schwaben essen ihn gern mit etwas dickeren Scheiben.

Zwiebel klein würfeln und über den Kartoffeln verteilen.

200 ml Wasser mit Gemüsebrühe und einem Schuss Essig aufkochen. Etwa die Hälfte der noch heißen Brühe über die Kartoffeln geben. Mit Essig, Öl, Salz und Pfeffer würzen.

Gut durchmischen und etwa 1 Stunde durchziehen lassen.

Vor dem Servieren nochmal mit der aufgekochten Brühe »nachwürzen« und evtl. nochmals abschmecken.

Wichtig: »Dr Kartoffelsalad muss schwätza« (beim Umrühren schmatzende Geräusche von sich geben).

Alte Mühle Grabenstetten

Staunen, shoppen und genießen

Die Alte Mühle in Grabenstetten ist wieder zum Leben erwacht. Gudrun Wiest hat nicht nur den Mühlenladen übernommen, sondern das alte Gebäude auch so umgebaut, dass ein sonnendurchfluteter Wintergarten mit viel Platz für ein gemütliches Café und eine Backstube im Untergeschoss entstanden sind.

Mit tatkräftiger Unterstützung ihrer Töchter hat sie in Grabenstetten ein gemütliches Wohnzimmer für Einheimische, Wanderer, Radfahrer und Touristen geschaffen. Gudrun Wiest freut sich, dass das Café von Anfang an so gut angenommen wurde: »Es hat sich schnell herumgesprochen, dass es in der Alten Mühle nun auch ein Café gibt. Obwohl es erst Ende 2022 eröffnet wurde, haben wir schon viele Stammgäste und Gruppen, die sich hier regelmäßig treffen. Die Menschen lieben es, am knisternden Kamin zu sitzen, und schätzen die gemütliche Atmosphäre im Café, die nostalgischen Tischdecken und die Dekoration.«

Alle Kuchen werden von Gudrun Wiest und ihren Töchtern selbst gebacken – nach alten Hausrezepten, ausschließlich mit natürlichen Zutaten und ohne jegliche künstlichen Zusatzstoffe. »Wir verwenden möglichst viele regionale Zutaten und Früchte der Saison. Besonders gut kommen unsere Käsekuchen an, aber auch der Himbeerkuchen ist sehr beliebt«, erzählt sie. »Mit der Zeit erweitern wir unser Sortiment und bieten eine immer größere Auswahl an. Seit einiger Zeit habe ich auch einen Bäcker angestellt, der an den Wochenenden Brot und Brötchen backt – auch das schätzen unsere Kunden sehr.« So gibt es im Café in der

ALTE MÜHLE GRABENSTETTEN
Neuffener Straße 1 • 72582 Grabenstetten • Tel. 0162/901 35 17
Instagram: @alte_muehle_grabenstetten
Öffnungszeiten Mühlenladen: Di– Fr 9.30–12.30 Uhr und 14–18 Uhr, Sa 9–17 Uhr, So 13–17 Uhr, Mo geschlossen
Öffnungszeiten Café: Do 14–18 Uhr, Fr 9.30–12.30 Uhr und 14–18 Uhr, Sa 9–17 Uhr, So 13–17 Uhr, Mo–Mi geschlossen

Alten Mühle in Grabenstetten nun von Donnerstag bis Sonntag Kuchen und von Freitag bis Sonntag zusätzlich frisches Brot und knusprige Brötchen.

Die Alte Mühle steckt voller Erinnerungen und schöner Fundstücke. Gudrun Wiest hat alte Möbel über viele Jahre hinweg gesammelt, darunter viele schöne Stücke aus der eigenen Familie. Auch die Ladeneinrichtung des Ladens ihrer Eltern hat sie aufgehoben und nun perfekt in die Räumlichkeiten der Alten Mühle integriert. So hat man nun, wenn man den Mühlenladen betritt, das Gefühl, in eine andere Zeit versetzt zu werden.

Im Mühlenladen wird zwar weiterhin Mehl verkauft, aber es wird nicht mehr selbst gemahlen. Das Mehl liefert die Luz-Mühle aus Buttenhausen. Doch das Sortiment umfasst noch viele weitere Produkte wie ein Feinkostsortiment, Nudeln, Tee, Spirituosen, Schnäpse und vieles mehr, ein großer Teil der Produkte kommt aus der Region. Die Produkte stellt Gudrun Wiest gerne zu Geschenkkörben zusammen – ob groß oder klein, ganz nach den individuellen Wünschen. So wird jedes Präsent zu einem Unikat.

Doch die alte Mühle beherbergt noch viel mehr: Zu jeder Jahreszeit und zu besonderen Anlässen ist die Verkaufsausstellung im Laden und in der oberen Etage liebevoll bis ins kleinste Detail dekoriert. Wer die knarrenden alten Holztreppen hinaufsteigt, landet mitten im Wunderland. Dort finden sich kleine und große Dekorationsartikel für den Innen- und Außenbereich, kleine Möbelstücke, Lichterketten,

In gemütlicher Wohnzimmeratmosphäre können die Gäste bei Gudrun Wiest in der Alten Mühle die köstlichen Kuchen genießen. In der oberen Etage gibt es zu jeder Jahreszeit eine liebevoll dekorierte Verkaufsausstellung.

Kerzenleuchter, Anhänger, Schilder, Windlichter, Rankgitter, Körbe und vieles mehr. Alle Produkte sucht Gudrun Wiest persönlich aus und beweist damit ein gutes Händchen für Stilvolles und Außergewöhnliches. Für ihre detailverliebten Arrangements nutzt sie antike Möbel, alte Fensterläden und Vasen, Zweige und Gräser – so verwandelt Gudrun Wiest das obere Stockwerk der Alten Mühle mal in ein Weihnachtswunderland, dann in einen blühenden Frühlingszauber, in fröhliche Sommerwelten oder in herbstliche Gemütlichkeit. Perfekt, um in aller Ruhe kleine Geschenke für liebe Menschen – oder vielleicht auch für sich selbst – auszuwählen. Wie auch immer – fündig wird man ganz bestimmt.

Wer hier stöbern möchte, sollte viel Zeit mitbringen, denn es gibt so viel Schönes zu entdecken, dass die Zeit wie im Fluge vergeht – und anschließend möchte man ja auch noch bei Café und Kuchen am gemütlichen Kamin oder im Wintergarten verweilen und den Tag genießen.

Gudrun Wiests Tipp

Rund um Grabenstetten gibt es viel zu entdecken. Die Burg Hohenneuffen liegt ganz in der Nähe, ebenso wie die Aussichtsplattform mit der Brillenskulptur, die einen atemberaubenden Blick über das Tal und die Burg Hohenneuffen bietet, sowie die Falkensteiner Höhle mit ihrem beeindruckenden Hohlenportal. Im Frühling 2024 soll das interaktive Informationszentrum zum Heidengraben, der größten keltischen Stadt in Mitteleuropa, eröffnen, von der die Reste der gewaltigen Befestigungsgräben bis heute zu sehen sind.

Käsesahnetorte

Köstliche Begleitung für eine Tasse Kaffee am Kamin

Zutaten
Für eine Springform (26 cm)

Für den Teig
6 Eier (M)
150 g Zucker
1 Msp. Vanilleextrakt
100 g Mehl
3 EL Stärke

Außerdem
600 g Sahne
6 Blätter Gelatine
1 Dose Mandarinen
60 g Zucker
1 Zitrone
500 g Quark (20 % Fett)

Zubereitung
Ofen auf 180 °C Ober-/Unterhitze (Umluft: 160 °C) vorheizen.

Für den Teig die Eier mit Zucker und Vanilleextrakt in eine Schüssel geben und ca. 3–4 Minuten auf höchster Stufe schlagen, bis eine dickflüssige Masse entsteht.

Das Mehl und die Stärke gut miteinander vermischen und in die Eimasse sieben. Das Mehlgemisch mit einem Teigschaber gut unterheben.

Springform (Ø 26 cm) mit Backpapier auslegen. Den Biskuitteig in die vorbereitete Springform füllen und etwa 20 Minuten im vorgeheizten Ofen backen.

Den ausgekühlten Tortenboden in der Mitte durchschneiden, damit zwei Tortenböden entstehen. Um den ersten Tortenboden einen Tortenring legen.

Um die Creme zuzubereiten, Sahne aufschlagen und ca. 150 g davon in einen Spritzbeutel mit Tülle geben. Diesen bis zum Dekorieren im Kühlschrank aufbewahren.

Die Gelatine-Blätter in sehr kaltem Wasser einweichen lassen.

Den Saft der Mandarinen in einen Topf abgießen und mit Zucker und Saft der Zitrone erwärmen.

Gelatine gut ausdrücken und darin auflösen.

Topf vom Herd nehmen. 1–2 EL Quark zur Mandarinen-Gelatine-Masse geben und kurz verrühren. Dann die Mischung zum restlichen Quark geben und alles verrühren.

Restliche geschlagene Sahne unter die Quarkmasse heben.

Mandarinen auf dem Biskuitboden verteilen. Dabei 16 schöne Mandarinen für die Deko übriglassen.

Die Quarkmasse auf den ersten Tortenboden füllen und mindestens 2 Stunden im Kühlschrank erstarren lassen.

Mit dem Spritzbeutel 16 Sahnerosetten auf die obere Hälfte des Tortenbodens aufspritzen und mit Puderzucker bestäuben. 16 Mandarinenstückchen auf die Sahnerosetten legen.

Alternativ kann man den Boden in drei Teile teilen und den dritten als Abdeckung benutzen.

Speisecafé Schlössle

Mit Leib und Seele

Ganz eng schmiegt sich das Schlössle in eine kleine Talnische des Seeburger Tals. Das auffällige Gebäude mag auf den ersten Blick gar nicht so richtig in das wildromantische Tal passen. Ein Stuttgarter Arzt ließ es im Jahr 1885 als Sanatorium für Atemwegskranke erbauen. Man kann sich gut vorstellen, dass die gut betuchten Gäste hier einst gerne Zeit verbrachten, sich an der frischen Luft erholten und durch den kleinen Park wandelten. Später wurde das Gebäude als Café betrieben und stand 2007 zum Verkauf.

Genau zu dieser Zeit waren die erfahrenen Gastronomen Konrad und Sabine Rapp-Bimek auf der Suche nach einer neuen Location. Schon Konrad Bimeks Eltern führten eine Gaststätte. »Ich war der jüngste Bub, und mein Vater sagte, ich müsse Koch lernen, um in den elterlichen Betrieb einsteigen zu können. Hätte ich die Wahl gehabt, hätte ich lieber auf der Bank gearbeitet«, blickt Konrad Bimek zurück. »So habe ich aber Koch gelernt und später noch den Küchenmeister gemacht – und irgendwann habe ich die Gastronomie dann doch so sehr lieben gelernt, dass ich mir nichts Schöneres vorstellen konnte, als in diesem Bereich zu arbeiten.«

Das Schlössle kannte er schon als Kind, umso mehr reizte ihn das ungewöhnliche Gebäude. »Die Verhandlungen zogen sich fast ein Jahr hin. Dass wir es dann tatsächlich bekamen, haben wir wohl unserer Hartnäckigkeit und nicht zuletzt auch unserer langjährigen Gastronomie-Erfahrung zu verdanken«, vermutet er. »Bevor wir eröffnen konnten, mussten wir erst einmal jede Menge Zeit und Geld in die Renovierung und in den Umbau stecken. Uns war von Anfang an klar, dass wir sowohl Kaffee und Kuchen als auch Speisen anbieten wollten. Dafür mussten wir eine Küche und eine Backstube anbauen.« 2008 war es dann endlich so weit, und das Speisecafé Schlössle konnte wieder eröffnet werden.

Auf der Karte stehen vor allem schwäbische Spezialitäten. »Wir machen alles selbst. Dass wir regionale Lebensmittel verwenden, müssen wir nicht propagieren – wir haben das schon immer so gemacht. Was den Einkauf und die Lieferanten betrifft, sind wir in der Gegend geblieben, backen und kochen nach

SPEISECAFÉ SCHLÖSSLE
Wiesentalstraße 26 • 72574 Bad Urach • Tel. 07381/31 20 • speisecafe-schloessle.de
Öffnungszeiten: Mi–Sa 12–20 Uhr, So 11.30–20 Uhr, Mo und Di Ruhetag

Schlössle
Schlössle

Konrad Bimeks Tipp

Unterhalb von Seeburg befindet sich ein 467 Meter langer Bachstollen, der im Jahr 1620 vom Hofbaumeister des Herzogtums Württemberg, Heinrich Schickhardt, erbaut wurde. Er ermöglichte die Entleerung des »Bodenlosen Sees«, der jedoch seit 1820 dauerhaft abgelassen blieb. Der Stollen ist mit Kalktuffquadern ausgekleidet und vollständig intakt. Alle zwei Jahre, immer zu geraden Jahreszahlen, wird er für alle Interessierten anlässlich des Tags des Denkmals am zweiten Sonntag im September zugänglich gemacht.

Saison«, erklärt Konrad Bimek. Jeden Tag wird frisches Bauernbrot nach Omas Rezept gebacken: »Das schmeckt unseren Gästen so gut, dass sie es auch gerne mitnehmen.«

Was die Kuchen und Torten betrifft, variiert das Angebot. »Der Geschmack der Leute hat sich verändert. Früher waren klassische Torten mit Sahne und Buttercreme gefragt, heute tendieren die Leute eher zu leichteren Kuchen mit Früchten, Quark oder Schmand und zu exotischeren Kreationen«, stellt Konrad Bimek fest. »Inzwischen backen wir sämtliche Kuchen und Torten mit Dinkelmehl. Ich finde es spannend, neue Rezepte zu entwickeln, und halte immer die Augen nach neuen Trends offen. So bekomme ich neue Anregungen und Ideen, wenn ich unterwegs bin, wenn Kunden anfragen oder wenn ich etwas lese. Die Entwicklung von neuen Rezepten nimmt viel Zeit in Anspruch, ist aber immer wieder spannend. Wir überlegen, wie wir es so machen, dass es am besten zu unserem Haus passt.« Einen Lieblingskuchen hat Konrad Bimek nicht: »Ich backe alle Kuchen mit viel Liebe, egal, welche Sorte!«

Das Speisecafé Schlössle hat sich seinen Charme aus früheren Zeiten bewahrt: »Bei der Renovierung haben wir versucht, so viel wie möglich zu erhalten, mit dem Ziel, dass sich die Leute bei uns wirklich wie in einer gemütlichen Wohnstube fühlen«, erklärt Konrad Bimek. Die holzgetäfelten Wände, die prunkvollen Kronleuchter und die zahlreichen Deko-Elemente verleihen den Räumlichkeiten einen Hauch Nostalgie und sorgen für eine ansprechende Atmosphäre.

Im Sommer können die Fenster im Wintergarten aufgeschoben werden, und die Gäste können ihren Kuchen fast wie im Freien genießen. Wer mag, kann auch länger bleiben, denn in der oberen Etage gibt es eine große, gemütliche Ferienwohnung für bis zu vier Personen.

Viele Gäste kommen schon seit vielen Jahren immer wieder ins Schlössle und loben die fantastischen Kuchen- und Tortenkreationen sowie die gute Küche. Doch das sind nicht die einzigen Gründe, warum Konrad Bimek so viele Stammgäste hat: »Die Leute kommen auch wegen der Menschen, die hier arbeiten. Sie schätzen die persönliche Atmosphäre und wissen, dass sie bei uns gut aufgehoben sind. Wir sind immer präsent, nehmen uns Zeit für ein Schwätzle mit den Gästen – wir machen das mit Leib und Seele und stehen total hinter unserem Speisecafé, das spüren die Leute einfach.« Mit einem Schmunzeln fügt er noch hinzu: »Entweder man macht es mit vollem Einsatz, oder man macht es nicht – und wir machen es!«

Das Speisecafé Schlössle hat viele Stammgäste, die nicht nur wegen der fantastischen Torten, sondern auch wegen der herzlichen und familiären Atmosphäre gerne wiederkommen.

Holunder-Frischkäse-Limetten-Torte

»Hugo« in Tortenform

Zutaten
(Für eine Springform (28 cm)

Für die Marinade
8 Blatt Gelatine
300 g Holunderblütengelee
100 g Frischkäse
100 g Joghurt
2 Bio-Limetten
10 Blätter frische Minze
600 g Sahne
150 ml Hugo (Mixgetränk)
heller Biskuitboden (Ø 28 cm)

Für den Guss
250 ml Hugo
20 g heller Tortenguss

Für die Garnitur
300 g Sahne
1 Blatt Gelatine
Minzeblätter für die Dekoration

Zubereitung
Die Gelatine 5 Minuten in kaltes Wasser geben, ausdrücken und in einer Schüssel über Wasserdampf auflösen. Holunderblütengelee dazugeben und beides leicht erwärmen. Frischkäse und Joghurt unterrühren (immer leicht erwärmen). Den Abrieb und den Saft der Limetten hinzugeben. Die kleingehackten Minzeblätter hinzugeben, bevor die Masse stockt.

Die Sahne schlagen und zusammen mit dem Hugo unterziehen.

Den Biskuitboden einmal quer durchschneiden. Ein Teil mit der gebackenen Seite nach unten in einen Tortenring (Ø 28 cm) legen. Die Hälfte der Creme einfüllen. Die andere Hälfte des Biskuits darauflegen und mit dem Rest der Creme bestreichen. Über Nacht kaltstellen.

Guss
Hugo zum Kochen bringen. Dann den Tortenguss einrühren und aufkochen.

Die feste Torte mit dem warmen Guss überziehen und kaltstellen.

Garnitur
Die Sahne schlagen und ein Blatt aufgelöste Gelatine unterziehen.

Die Torte aus dem Ring nehmen. Mit etwas Sahne die Außenseiten bedecken. Mit einem Konditorkamm verzieren. Nach Wunsch Röschen aufspritzen und mit Minze und Limettenscheiben dekorieren und mit Zuckerstreuseln abschließen.

Die südwestliche Alb

einzig nicht artig

Ankommen und wohlfühlen

Kaum betritt man Carmen und Mike Münzings Café »einzig nicht artig«, fühlt man sich schon wie zu Hause. Gemütliche Polsterstühle, schön gedeckte Tische und gekonnt arrangierte Deko-Elemente – hier lässt man sich gerne nieder, um zu verweilen, gute Gespräche zu führen, die wunderbare Atmosphäre und natürlich die leckeren Kuchen zu genießen.

Dass sie einmal ein Café betreiben würde, hätte sich Carmen Münzing vor einigen Jahren noch nicht träumen lassen. Damals überlegte sie mit einer Freundin, was man machen könnte. Die beiden begannen, Möbel zu restaurieren und Täschchen zu bemalen – und die Einzelstücke zu verkaufen. Die Idee kam gut an, und die Stücke waren begehrt. Schließlich ergab sich die Möglichkeit, ein Gebäude am Marktplatz zu kaufen und dort ein Geschäft einzurichten, das zum Stöbern zwischen Alt und Neu einlud.

»Immer öfter hörte ich von den Kunden, dass ihnen der Laden so gut gefällt, dass sie hier am liebsten länger bleiben und noch einen Kaffee trinken würden. Die Idee fand ich gar nicht so schlecht«, erzählt Carmen Münzing. Kurzerhand richteten wir in der oberen Etage ein kleines Café mit drei Tischen ein. »So richtig geschickt war das nicht – das Café war sehr klein und nur über eine steile Treppe zu erreichen – aber die Gäste liebten es, und es boomte von Anfang an. Vor allem unser Frühstücksangebot ging schon nach kurzer Zeit durch die Decke. Sogar die Stuttgarter kamen nach Münsingen, um bei uns zu frühstücken. Leider mussten wir ein paar Wochen später coronabedingt schließen. Das war ein harter Schlag«, berichtet sie.

Doch Carmen und Mike Münzing ließen sich nicht unterkriegen. Ganz im Gegenteil – sie beschlossen zu erweitern. »Das Haus nebenan wurde zufällig frei, und wir entschieden uns, dort einen Pensionsbetrieb samt Café aufzubauen.« Im Obergeschoss entstanden, mit sehr viel Liebe zum Detail, eingerichtete Ferienwohnungen. Das Erdgeschoss bot genügend Platz für ein Café. »Wir wollten mit den Ferienwohnungen und dem Café einen besonderen

EINZIG NICHT ARTIG
Marktplatz 2–3 • 72525 Münsingen • Tel. 07381/935 06 00
carmen-muenzing.de
Öffnungszeiten: Do und Fr 9–12 Uhr und 14–18 Uhr, Sa 9–14 Uhr

Carmen Münzings Tipp

Ein Ausflug zur Ruine Hohengundelfingen ist ein wunderbares Erlebnis. Von der Ruine aus kann man weit über das malerische Lautertal blicken und den Sonnenuntergang genießen.

Ort schaffen, wo es nicht ist wie überall – wo es einfach gemütlich ist und die Menschen es von Anfang an genießen.«

Wir haben alles so eingerichtet, wie wir es woanders gerne vorfinden und uns wohlfühlen würden«, erklärt die Inhaberin. »Uns war es wichtig, etwas zu schaffen, wohin auch Leute in unserem Alter gehen können. Wir möchten, dass sich bei mir alle wohlfühlen, egal wie alt, welche Nationalität, welcher Job – hier sind alle willkommen, solange sie nett sind!«

Der besondere Charme der Einrichtung des Cafés und auch der Ferienwohnungen liegt in der Mischung aus Neuem und Altem, das sich hier wunderbar verbindet: »Auf den ersten Blick mag die Kombination manchmal gar nicht zusammenpassen – aber auf den zweiten Blick fügt es sich perfekt zu einer Einheit«, resümiert die Besitzerin.

Spezialität des Hauses sind die verschiedenen verschiedenen hausgemachten Kuchen und das üppige Frühstück, das am liebevoll gedeckten Tisch serviert wird. Alle Kuchen backt Carmen Münzing selbst – jeden Tag mehrere. Dabei ist ihr Motto: »so regional und saisonal wie möglich«. Daher gibt es je nach Laune oder Verfügbarkeit leckeren Käse- oder Streuselkuchen, Erdbeerroulade oder Obstkuchen. Wichtig ist: »In meine Kuchen kommen kein bunter Schnickschnack und keine künstlichen Zutaten.«

Zusätzlich zum Cafébetrieb finden im »einzig nicht artig« auch immer wieder kleine Veranstaltungen statt. Besonders beliebt sind die Cocktail-Abende, die nicht nur Gäste aus Münsingen, sondern auch aus der weiteren Umgebung anlocken.

Ein Durchgang führt direkt in den hübschen Laden, der sich nach wie vor im Nachbargebäude befindet. Hier reihen sich sorgsam ausgewählte Kleidung, geschmackvolle Deko-Artikel für den Innen- und Außenbereich, hübsches Spielzeug und Möbel aneinander – klar, dass man einfach durch die zauberhaften Dinge stöbern muss und mit großer Wahrscheinlichkeit auch fündig wird. Ein Grund mehr, bei Münzings »einzig nicht artig« vorbeizuschauen, denn das Sortiment wird ständig um neue, schöne Stücke ergänzt.

Das zauberhafte Café »einzig nicht artig« von Carmen und Mike Münzing ist nicht nur optisch ein Hingucker – auch die leckeren Kuchen und das charmant präsentierte Frühstück kommen bei den Gästen sehr gut an.

Schwäbischer Träubleskuchen

Nicht nur bei den Schwaben äußerst beliebt

Zutaten

Für eine Springform (26 cm)

Für den Teig

300 g Mehl
175 g Margarine
100 g Zucker
2 Eigelb
1 Beutel Citroback
1 Beutel Rumback

Zwischen Teig und Belag

1 Eigelb
3 EL Semmelbrösel
50 g gemahlene Mandeln
1 EL Zucker

Für den Belag

4 Eiweiß
200 g Zucker
500 g Johannisbeeren
150 g gemahlene Mandeln
Puderzucker zum Bestäuben

Zubereitung

Aus den Teigzutaten einen Mürbteig herstellen. Teig in eine Springform (Ø 26 cm) geben, einstechen.

Ein Eigelb verquirlen, Teig damit bestreichen. Semmelbrösel, Mandeln und Zucker vermischen und auf das Eigelb verteilen.

15–20 Minuten bei 175–200 °C Ober-/Unterhitze backen.

Eiweiß und Zucker steif schlagen. Johannisbeeren und Mandeln zum Eischnee geben, unterheben und auf dem Kuchen verteilen. Weitere 30–40 Minuten bei 175 °C Ober-/Unterhitze backen.

Zuletzt mit Puderzucker bestäuben.

Atelier 11

Gemalte Musik

Das künstlerische Schaffen fasziniert Christoph Menschel seit seiner Kindheit. »Schon im Kindergarten verbrachte ich meine Zeit am liebsten mit Malen, und das änderte sich auch in der Schule nicht«, erinnert er sich. Bereits damals zeigte sich sein Talent, und nicht selten wurden seine Bilder im Schaukasten der Schule ausgestellt.

Nach der Schulzeit war für ihn klar, dass er eine künstlerische Karriere anstreben wollte. Einen ersten Eindruck, wie diese aussehen könnte, erhielt er als Gasthörer an der Kunstakademie Karlsruhe. Doch seine erste Bewerbung scheiterte: »Ich wurde nicht angenommen, weil ich einfach noch nicht bereit war«, erzählt Christoph Menschel. »So besuchte ich Kurse bei verschiedenen Lehrern, um mich weiterzubilden.« Mit seinen Zeichnungen gelang ihm schließlich die Aufnahme an der Kunstakademie Stuttgart, wo er zehn Semester lang studierte.

Einen vorgegebenen Weg in seinem künstlerischen Schaffen gibt es für Christoph Menschel seither nicht. »Ob Zeichnen, Malen, verschiedene Farben, Motive und Techniken oder das Gießen von Bronze – ich probiere gerne immer wieder Neues aus«, erklärt er. Auch leitet er Kurse in der Toskana und auf der Schwäbischen Alb, war in der Erwachsenenbildung tätig und leitete Malgruppen für Jugendliche und Senioren.

Die Vielseitigkeit der Kunst fasziniert ihn. So malte er das Meer und die Häuser in der Bretagne, die Landschaften der Schwäbischen Alb und am Bodensee ebenso wie Porträts, Architektur, Stillleben, Bühnenbilder für das Theater in Balingen, Zirkuswagen für das Hofgut Hopfenburg, Plattencover, Illustrationen für eine filmische Kafka-Dokumentation und zahlreiche weitere Auftragsarbeiten.

Zu seinen liebsten Motiven gehören Musikinstrumente – vorzugsweise Klavier und Saxophon. »Während des Studiums hat unser Professor als Zeichenmotiv Teile einer Orgel mitgebracht; das ist wohl hängen geblieben«, schmunzelt er. »Aber tatsächlich ist Musik sehr wichtig für mich – zum Runterkommen und Entspannen. Aber darüber hinaus male ich auch gerne Musik und liebe es, die Musik beim Malen zu sehen. Für mich ist das Optische im

ATELIER 11
Auinger Weg 11 • 72525 Münsingen • christoph-menschel.de
Öffnungszeiten: Fr und Sa 14.30–17 Uhr sowie nach Terminvereinbarung

ATELIER
GALERIE
11

Vordergrund und bildet einen spannenden Kontrast zum Hören.«

Vor allem das Innenleben des Klaviers zeichnet er gerne: »Mich fasziniert es, die rhythmische Struktur und die Wiederholungen darzustellen. Für viele von uns Künstlern gehören die Struktur und vor allem auch die strukturierte Arbeit zur Kunst.«

Trotz seiner Liebe zur Musik spielt Christoph Menschel selbst kein Instrument. »Ich bin in Kohlstetten aufgewachsen. Dort hätte ich Blockflöte lernen oder der örtlichen Musikkapelle beitreten können, beides war aber nicht so mein Ding. Ein anderes Instrument zu erlernen, hat sich einfach nicht ergeben.«

Christoph Menschel experimentiert gerne mit verschiedenen Maltechniken und Farben. Vor allem die alten Maltechniken haben es ihm

Die Werke von Christoph Menschel zeigen, dass er gerne mit verschiedenen Maltechniken und Farben experimentiert. Viele seiner Farben stellt er selbst her und nutzt dafür Farbpigmente, die er aus der Natur in der Region gewinnt.

angetan. Neben Tusche, Aquarell- und Ölfarben kommen beispielsweise auch Eitempera, Öltempera und Kaseinfarben (das sind natürliche Wand- und Deckenfarben mit Milch und Quark als Bindemittel) zum Einsatz. Einen großen Teil seiner Farben produziert der Künstler selbst. Vor über 35 Jahren hat er begonnen, Eitempera herzustellen. Die Emulsion aus Ei, Leinöl, Harz, Wasser und Leim wird mit Nelkenöl haltbar gemacht und hält sich dann ungefähr zwei Wochen. Die Farbpigmente gewinnt er aus der Natur in der Region. So verewigt er die natürlichen Farben der Schwäbischen Alb auf seinen Werken – darunter beispielsweise den gelblichen Schelklinger Mergel, rostfarbenes Eisenoxid, traditionelle Holzkohle aus Kohlstetten, Ruß vom Schornsteinfeger oder Saharastaub, der auf den heimischen Gartenmöbeln oder dem Auto gelandet ist.

Ch. Menschels Tipp

Der Künstler mag die einsamen Wanderwege abseits des Straßenverkehrs vom Sternberg bei Gomadingen nach Ödenwaldstetten. Vor dem Rückweg kann man sich im Gasthof Lamm stärken (speidels-braumanufaktur.de).

Ein paar Jahre lebte Christoph Menschel am Stadtrand von Stuttgart. 2009 zog er nach Münsingen. »Alles zu seiner Zeit – Stuttgart ist gut, wenn man jung ist. Inzwischen wäre es mir zu hektisch«, meint er. »In Münsingen wohne ich in der Stadt und bin doch schnell draußen in der Natur. Außerdem leben und arbeiten viele Künstler hier in der Gegend – eine ideale Kombination.«

Antiquitäten Café Vöhringer

Umgeben von alten Schätzen

Einfach mal stillzusitzen und nichts zu tun, ist für Marc Vöhringer undenkbar. Er hat seine Passion für Antiquitäten und die Gastronomie zum Beruf gemacht und ist dafür fast rund um die Uhr im Einsatz. In beide Berufszweige ist er praktisch hineingewachsen. Sein Vater war gelernter Gastronom, eröffnete 1992 einen Antiquitätenhandel und begann, alte Stücke anzukaufen, zu restaurieren und weiterzuverkaufen. Schon als Kind nahm er seinen Sohn mit auf Märkte und Messen, erklärte ihm jedes Detail, sodass dieser das Geschäft von der Pike auf erlernen konnte.

»Seit ich denken kann, war ich jeden Tag mit meinem Vater gemeinsam unterwegs. Wir haben uns blind verstanden und haben nie gestritten. Für mich war immer klar, dass ich mit in das Geschäft einsteigen möchte, doch mein Vater bestand darauf, dass ich erst einmal eine Ausbildung mache«, erinnert sich Marc Vöhringer. Er entschied sich für eine Lehre zum Kfz-Mechatroniker, stieg aber direkt nach der Ausbildung ins Antiquitätengeschäft ein.

2010 kauften Vater und Sohn ein altes Haus im Nachbarort, das in einem denkbar schlechten Zustand war, aber als Lager gute Dienste leistete. Zwei Jahre später bot sich die Gelegenheit, eine Scheune des ehemaligen Gasthofs »Zum Adler« anzumieten und dort einen Laden einzurichten. Der Standort in Gomadingen bot einen großen Vorteil: Aufgrund der Anerkennung als Luftkurort durfte der Laden auch sonntags öffnen. Das Geschäft lief gut an. Nur wenige Monate später stand der Gasthof »Zum Adler« komplett zum Verkauf, Marc Vöhringer ergriff die Chance und kaufte das Gebäude. »Es war klar, dass ich da viel reinstecken und renovieren musste, ich hatte aber immer jede Menge Unterstützung durch meine Familie.«

Stück für Stück vergrößerten Vater und Sohn den Laden und bauten den Antiquitäten-

ANTIQUITÄTEN CAFÉ VÖHRINGER
Uracher Straße 1 • 72532 Gomadingen • Tel. 0174/2177557
antiquitaeten-voehringer.de
Öffnungszeiten: Fr 14–21 Uhr, Sa und So 10–21 Uhr

Marc Vöhringers Tipp

Die Lauterquelle in Offenhausen ist für ihn ein herrlicher Ort zum Entspannen. Der Karst-Quelltopf befindet sich in einem kleinen Park, umschlossen von alten Klostermauern. Vom Gestütshof aus ist der schmale Weg zur Lauterquelle ausgeschildert.

handel weiter aus. Die Kaufinteressenten kamen aus nah und fern, um in der Ausstellung zu stöbern. »Immer wieder sagten die Kunden, dass sie es super fänden, wenn man hier zwischendurch eine Pause einlegen und etwas trinken und essen könnte. Mein Vater und ich entschlossen uns 2018, ein kleines Café zu eröffnen – auch hier waren wir beide uns sofort einig, wir lagen einfach immer auf einer Wellenlänge«, erzählt Marc Vöhringer.

Das Café wurde von den Kunden so gut angenommen, dass es schnell an seine Kapazitätsgrenzen stieß. Die wenigen Tische reichten nicht aus. So entschlossen sich die beiden schon ein Jahr später, eine Scheune auszubauen, um die Ausstellungsfläche zu vergrößern und gleichzeitig mehr Platz für das Café zu schaffen und das Speisenangebot zu vergrößern. Neben den Kuchen und Torten, die von einem Bäcker aus der Region geliefert werden, stehen nun auch Maultaschengerichte, Burger, Wurstsalat und andere deftige Speisen auf der Karte. »Wir verwenden nur Lebensmittel und Getränke von regionalen Lieferanten, das ist uns sehr wichtig«, erklärt

Marc Vöhringer das Konzept. Auch ein Außenbereich kam dazu, sodass die Gäste nun auch gemütlich auf der Terrasse sitzen können.

Die Antiquitätenausstellung erstreckt sich mittlerweile über drei Stockwerke, und interessierte Kunden finden dort alles vom Fingerhut über Schmuck, Porzellan und Glas bis hin zu Möbeln. Darunter gibt es auch zahlreiche kuriose und seltene Stücke wie beispielsweise riesige, kunstvoll verzierte Schränke aus einem Schloss oder eine Original-Kirchturmuhr aus dem Jahr 1890, die bis heute voll funktionsfähig ist.

»Mir ist es wichtig, im An- und Verkauf faire Preise zu machen. Lieber gehe ich kleine Schritte – aber ich muss abends gut schlafen können«, meint Marc Vöhringer. »Schon mein Vater sagte immer: ›Mühsam ernährt sich das Eichhörnchen‹.« Der Erfolg gibt ihm recht. Längst hat er viele Stammkunden bis weit über die Landesgrenzen hinaus.

Einen schweren Schlag hatte Marc Vöhringer Ende letzten Jahres mit dem plötzlichen Tod seines Vaters Bernd Vöhringer zu verkraften: »Da hat es mir wirklich den Boden unter den Füßen weggezogen. Wir waren so oft gemeinsam unterwegs, hatten die gleichen Gedanken und Vorstellungen – und wir hatten noch so viel zusammen vor. Ich bin unendlich dankbar, dass mich das Team und meine Familie unterstützen. Viele Mitarbeiter sind von Anfang an dabei, und wir sind wie eine Familie.« So geht es mit vereinten Kräften weiter, und ganz sicher wäre sein Vater unglaublich stolz auf ihn.

Wer in Marc Vöhringers Antiquitätenladen stöbert, vergisst schnell die Zeit. Es gibt so viel zu entdecken, dass das Café inmitten der Ausstellung ein willkommener Ort zum Ausruhen und Entspannen ist.

Rindsbraten

Aus Omas altem Rezeptbuch

Zutaten

Für 6 Personen

1,5–2 Pfund Mürbschoß (Rinderhüfte)
Salz & Pfeffer
40 g Bratfett
1 Zwiebel
Brotrinde nach Bedarf
1 EL Mehl
500 ml Brühe
1 Stückchen Zitrone
½ Lorbeerblatt
1 Nelke
1 Bund Suppengemüse
1 Tomate
2 EL Rotwein

Zubereitung

Das gut abgelagerte Fleisch wird tüchtig geklopft, gesalzen und leicht gepfeffert, dann in dem heißen Fett rasch angebraten.

Die Zwiebel schneiden und braten. Wenn die Zwiebel braun ist, werden die Brotrinde und das Mehl auf der Seite mitgeröstet.

Nach dem Ablöschen (wahlweise Brühe, Rotwein oder Wasser) nach Belieben ein kleines Stückchen Zitrone, ½ Lorbeerblatt, eine Nelke, das geputzte und kleingeschnittene Suppengemüse und die Tomate würfeln und dazugeben.

Den Braten unter fleißigem Begießen weichgaren. Bratzeit ca. 1,5–2 Stunden.

Der Wein wird kurz vor dem Durchseihen in die Soße gegeben.

Wird statt Weißmehl Stärkemehl verwendet, so rührt man dieses mit Wein oder Wasser an, gibt es unter Rühren in die fertige Soße und lässt es 5 Minuten auskochen.

Café Hanner

Im Herzen der Altstadt

Mitten in der historischen Altstadt von Trochtelfingen, mit ihren malerischen Fachwerkhäusern, liegt das Café Hanner. Schon in den 60er-Jahren betrieben die Schwiegereltern von Birgit Hanner eine Bäckerei ganz in der Nähe, doch die Räumlichkeiten wurden irgendwann zu klein. Als dann das 1723 erbaute Fachwerkhaus zum Verkauf stand, bot sich eine ideale Gelegenheit für die Familie Hanner. Sie kauften das Haus, restaurierten es aufwendig und richteten eine Backstube und einen Laden ein.

»Damals war es ein typischer Tante-Emma-Laden, in dem es von Brot über Nudeln, Obst und Gemüse, bis hin zu Waschpulver und Seife alles für den täglichen Bedarf gab. Später kam dann auch ein Café hinzu«, erzählt die gelernte Arzthelferin, die ursprünglich aus Oberschwaben stammt. »Als ich meinen Mann kennenlernte, war ich noch sehr jung. Damals war schon klar, dass der gelernte Konditormeister das elterliche Geschäft einmal übernehmen würde. Als ich das erste Mal in Trochtelfingen war und sah, wie gut der Laden lief und wie hart alle Familienmitglieder arbeiten, bekam ich Panik. Ich hatte Angst vor der Herausforderung und Sorge, dass ich das alles nicht schaffen würde.«

Die Sorge war unbegründet. Birgit Hanner wuchs, unterstützt von der ganzen Familie, schnell in ihre neuen Aufgaben hinein. Mehrmals bauten sie das Café um, bis sie sich 2015 zu einem großen Bauprojekt entschlossen. »Damals veränderten wir die Innenräume komplett, um den Laden und das Café zu vergrößern, bauten große Fensterfronten ein, um einen hellen, sonnigen Bereich zum Sitzen zu schaffen«, erinnert sie sich.

Birgit Hanner und ihr Mann Thomas sind ein eingespieltes Team. Sie kümmert sich um die Konditorei und er um die Bäckerei. Die Brezeln aus der Backstube der Hanners sind weit über Trochtelfingen hinaus bekannt. Sogar Kunden aus der Schweiz kommen regelmäßig vorbei, um die Brezeln mit in ihre Heimat zu nehmen. Mit dem Backen der Kuchen und Torten konnte Birgit Hanner ihr Hobby zum Beruf machen: »Ich habe schon immer gerne gebacken und probiere gerne Neues aus, experimentiere mit verschiedenen Zutaten und

CAFÉ HANNER

Marktstraße 13 • 72818 Trochtelfingen • Tel. 07124/789 • cafe-hanner.de
Öffnungszeiten: Mo–Fr 6–18.30 Uhr, Sa 6–18 Uhr, So 7.30–18 Uhr

Kartoffelbrot
750g
3,50 €
Corneliusbrot
750g
3,50 €
Bergwurzelbrot
500g
3,30 €
Hammer

entwickle neue Rezepte, das macht mir sehr viel Spaß.«

In der Vitrine der Bäckerei und Konditorei reihen sich verführerische Kuchen und Torten aneinander. Spezialität des Hauses sind Birgit Hanners Käsekuchen, die sie gerne auch mit Äpfeln, Kirschen, Himbeeren oder Birnen kombiniert. Sehr beliebt sind auch der Zwetschgenkuchen mit frischen Streuseln oder die Jensentorte, ein Rührteig mit Baiser und Mandeln sowie Zitronen- oder Himbeersahne. Zum Sortiment zählen aber auch Klassiker wie Buttercremetorten, Schwarzwälder Kirschtorte, Frankfurter Kranz, Erdbeer-Schoko-Sahnetorte oder Waldfruchttorte. Auf Bestellung fertigen die Hanners kunstvolle Torten für Hochzeiten, Geburtstage oder andere Anlässe. Mit der Jahreszeit wechselt auch das Angebot – so werden beispielsweise zu Ostern Osterlämmer gebacken, im Herbst Zwiebelkuchen und zu Weihnachten Hutzelbrot und Christstollen.

Jeden Morgen gibt es im Café Hanner ein Frühstücksangebot. Alle zwei Wochen findet zudem sonntags ein großer Frühstücksbrunch statt. Dann wird ein großes Buffet mit Wurst, Käse, Speck, Fisch, Rührei, Obstsalat, verschiedenen Desserts und vielem mehr angeboten. Wer im Café Hanner brunchen möchte, muss allerdings rechtzeitig vorbestellen, denn der Brunch ist sehr beliebt und oft schon mehrere Wochen im Voraus ausgebucht.

Die Hanners freuen sich sehr über die vielen Stammgäste, die oft auch Familie, Freunde und Bekannte mitbringen: »Bei uns treffen sich viele zum regelmäßigen Kaffeekränzchen.

Birgit Hanner liebt es, neue Rezepte für Kuchen und Torten zu entwickeln. Ein Grund dafür, dass den Gästen die Entscheidung, bei der großen Auswahl in der Vitrine, nicht leichtfällt.

Die örtlichen Vereine, Jahrgänger oder Strickfrauen kommen hier zusammen, und wir richten auch kleine Veranstaltungen wie Geburtstagsfeiern oder Taufen aus.«

Höhepunkt des Jahres ist aber immer die Fasnet: »Die wird hier noch richtig gelebt und gehört fest zum Trochtelfinger Stadtleben. Bei uns ist immer großer Treffpunkt der Narren, da ist richtig etwas los, das genießt vor allem mein Mann in vollen Zügen, obwohl er sonst gar nicht zur Fasnet geht«, erzählt Birgit Hanner lachend.

Im Sommer kann man Kaffee und Kuchen auch in der lauschigen Gartenwirtschaft im Schatten der Bäume im Herzen der Trochtelfinger Altstadt genießen. Die Trochtelfinger wissen, was sie an ihrem Café Hanner haben: »Immer wieder sagen Kunden, dass ihnen echt etwas fehlen würde, wenn wir nicht da wären«, berichtet Birgit Hanner. »Darüber freuen wir uns natürlich sehr, und es zeigt uns, dass sich die harte Arbeit lohnt.«

Birgit Hanners Tipp

Ein schöner Spaziergang führt vom Käppele in Trochtelfingen hinauf zur Burgkapelle. Die Christi-Ruh-Kapelle (Käppele) wurde Ende des 17. Jahrhunderts erbaut und nach der Statue auf dem Altar, die »Christus in Ruhe« heißt, benannt. Im Jahr 1880 wurde ein Kreuzweg mit 14 Stationen und Bildstöcken erbaut, der idyllisch durch den Wald führt und über den man zur Marienkapelle (auch Burgkapelle genannt) gelangt.

Hansen-Jensen-Torte

Einer der Lieblingskuchen der Gäste im Café Hanner

Zutaten

Für eine Springform (26 cm)

Für den Teig

100 g Butter
100 g Zucker
4 Eigelb
1 Päckchen Vanillezucker
125 g Mehl
½ Päckchen Backpulver

Für die Meringenmasse

4 Eiweiß
150 g Zucker
80 g Mandelblättchen

Für die Füllung

200 ml Zitronensaft (frisch gepresst)
150 g Zucker
40 g Puddingpulver
1 kg Sahne (steif geschlagen)
4 Blatt Gelatine
1 Glas Sauerkirschen

Zubereitung

Aus den Teigzutaten einen Rührteig herstellen. Diesen in zwei Teile teilen und in zwei Formen mit Rand geben (Ø 26 cm).

Bei 180 °C Ober-/Unterhitze vorbacken, bis die Böden blassgelb sind.

Eischnee mit dem Zucker schlagen. Die Masse gleichmäßig über beide Böden streichen und die Mandeln darauf verteilen.

Die Böden weiterbacken, bis die Mandeln leicht bräunlich werden.

Einen Boden sofort nach dem Backen in 16 Stücke teilen.
Der andere Boden bleibt ganz. Erkalten lassen.

Um den ganzen Boden einen Tortenring legen. Zitronensaft mit Zucker und 20 g Puddingpulver mischen und unter ständigem Rühren aufkochen lassen. Kaltstellen.

Die Zitronencreme mit 1 kg Sahne mischen und mit der aufgelösten Gelatine verrühren.

Die Sauerkirschen mit weiteren 20 g Puddingpulver eindicken und abkühlen lassen.

Die Zitronensahne mit den Sauerkirschen schichten und mindestens 2 Stunden kaltstellen.

Zum Schluss die geteilten Bodenstücke auf der Torte anrichten.

Trendcafé Krone

Mode und Genuss vereint

Mitten im Ortskern von Willmandingen steht das Trendcafé Krone. Ein schmuckes, weißes Gebäude mit hellblauen Fensterläden. Der Schriftzug am Gebäude verrät, dass sich hier einst der gutbürgerliche schwäbische Gasthof »Krone« befand. Heute beherbergt es ein schnuckliges Café samt schöner Terrasse und einer lauschigen Gartenwirtschaft, in der man Leckereien unter den schattenspendenden Platanen genießen kann. Im Obergeschoss des Gebäudes befindet sich eine Modeboutique der besonderen Art.

Susanne Hummel erfüllte sich mit der Kombination aus Mode und Café einen Traum. Sie ist ursprünglich Bekleidungstechnikerin und entwarf Kinderbekleidung. Nach einer längeren beruflichen Pause wollte sie gerne wieder zurück in ihren Beruf. Zu dieser Zeit suchte die »Krone« ihrerseits nach Kaufinteressenten. »Als ich davon hörte, hatte ich die Idee, dort eine Boutique und ein Nähatelier zu eröffnen und mit einem kleinen Café zu kombinieren«, erinnert sich Susanne Hummel, »denn welche Frau träumt nicht einmal im Leben davon, ein Café zu eröffnen?«

Gesagt, getan – Susanne Hummel wurde während der Umbauphase von Familie und Freunden tatkräftig unterstützt. Auch die ortsansässigen Handwerker ließen sich nichts nachsagen, allen lag das Projekt Krone am Herzen. So wurde es möglich, dass das Trendcafé Krone nach nur neun Monaten Umbauzeit eröffnen konnte.

Es steckte unglaublich viel Arbeit und Fleiß in der Sanierung und dem Umbau des Gebäudes. Was Stil und Einrichtung angeht, war es sehr einfach: »Wir wollten so viel wie möglich von dem Alten erhalten. Meine Familie hat schon immer ein Faible für schöne, alte Dinge, vieles konnten wir aus unserem Bestand bestücken. Möbel und Geschirr und alles, was noch fehlte, fanden wir auf Flohmärkten, oder es wurde uns von Gästen geschenkt.« Dass so ein Projekt nicht allein zu meistern ist, wurde

TRENDCAFÉ KRONE

Rathausstraße 11 • 72820 Sonnenbühl-Willmandingen • Tel. 07128/920 80 80
trendcafe-krone.de
Öffnungszeiten Café: Mi–So 10–18 Uhr, an Feiertagen 10–18 Uhr (Mo und Di geschlossen)
Öffnungszeiten Modeboutique: Mi–Fr 10–18 Uhr, Sa 10–16 Uhr
(So–Di und an Feiertagen geschlossen)

Coffee
chai

schnell klar. Susanne Hummel aber hatte viel Glück, und es fand sich so nach und nach ein richtig tolles Team zusammen, alle arbeiten mit viel Herzblut bis heute mit.

Das Konzept für das Café stand schnell fest: »Wir wollten auf jeden Fall Kuchen, wie sie bei uns zu Hause gebacken wurden. Schnell sammelten wir die besten Kuchenrezepte von unseren Verwandten und Bekannten, die sie uns zum Glück bereitwillig zur Verfügung stellten. Deshalb heißen unsere Kuchen auch Goldtröpfchen Tante Hilde oder Träubleskuchen Tante Christel.«

»Ein bisschen blauäugig waren wir mit der Menge. Wir dachten, wir backen kleine Kuchen und verkaufen Viertelstückle und deckten uns mit kleinen Backformen ein«, schmunzelt sie. Doch die Realität sah anders aus: »Wir wurden von Anfang an völlig überrannt und konnten gar nicht so viele Kuchen herstellen, wie wir benötigt hätten.« Die kleinen, niedlichen Backformen mussten großen Blechen weichen und der Cafébetrieb neu organisiert werden – alle Kuchen werden vom Team selbst gebacken.

Absoluter Beststeller ist der Feuerwehrkuchen, aber auch die anderen Kuchen gehen weg wie heiße Semmeln. »Wir verwenden bei uns ausschließlich Dinkelmehl aus der benachbarten Mühle, die restlichen Zutaten kaufen wir, soweit möglich, regional ein. Rhabarber, Träuble, Äpfel oder auch Salat bauen wir selbst an – und immer wieder kommt es vor, dass in der Erntezeit plötzlich ein Kübel Zwetschgen oder anderes Obst vor der Tür steht, den irgendjemand vorbeigebracht hat«, freut sich Susanne Hum-

Susanne Hummel und ihr Team haben mit viel Herzblut einen ganz besonderen Ort auf der Schwäbischen Alb geschaffen. In der Modeboutique finden die Kundinnen ein breitgefächertes Angebot und eine individuelle Beratung.

mel. Für sie ist das ein Zeichen, dass die Menschen das Trendcafé Krone mögen und sich mit dem Konzept identifizieren.

Blickfang im Café ist die Siebträgermaschine. »Wir freuen uns, wenn morgens der Duft von frisch gebrühtem Kaffee durch den Gastraum strömt. Bei unseren Kaffeesorten lassen wir uns von einer kleinen Rösterei in der Nähe inspirieren und beliefern.« Ein Highlight im Café sind auch die verschiedenen Frühstücke, die je nach Thema und Jahreszeit die unterschiedlichsten Kreationen bieten, Freundinnenfrühstück, Shoppingfrühstück, »Hallo Wach«, oder »Hallo Vegan« begeistern viele der Gäste.

Die Speisekarte wurde inzwischen erweitert, es stehen herzhafte Snacks wie Flammkuchen, Suppen, Maultaschen und andere kleine Gerichte darauf – alles natürlich hausgemacht. Und last but not least stehen auch vegane oder glutenfreie Kuchen und Speisen auf der Karte.

Susanne Hummels Tipp

Eine kleine Wanderung auf den Bolberg lohnt sich immer. Oben angelangt, gibt es viele Aussichtsbänkchen, die zum Verweilen einladen. Von hier aus kann man bei schönem Wetter ein herrliches Panorama genießen. Mit etwas Glück sind im Süden die Alpen, im Westen die Burg Hohenzollern und im Norden der Stuttgarter Fernsehturm zu sehen. Für Hungrige mit entsprechender Ausrüstung gibt es eine schöne Grillstelle samt Schutzhütte. (Leichte Wanderung vom Bolbergparkplatz ca. eine Stunde)

Immer wieder finden auch Veranstaltungen im Trendcafé Krone statt. Ob Satire, Liedermacher, Comedy, Lesungen – die Ideen gehen dem

Team nicht aus. Regelmäßig gibt es in der Boutique Mädelsabende oder Handarbeitsworkshops wie Häkeln, Stricken, Basteln oder Punchen, die sehr gut angenommen werden. Das Publikum ist bunt gemischt – hier treffen sich Einheimische, Wanderer, Radfahrer, Urlauber und Tagestouristen aus der ganzen Region, ebenso sind es Kaffeekränzchen, Vereine und Stammtische, die hier regelmäßig zusammenkommen.

Sehr beliebt ist auch die Modeboutique in der oberen Etage. Dort können die Kundinnen eine große Auswahl an Kleidungsstücken verschiedener Marken und außergewöhnlicher Brands entdecken. »Uns ist wichtig, dass für jeden Typ Frau etwas Passendes dabei ist«, erklärt die Inhaberin. So findet man in den liebevoll dekorierten Verkaufsräumen eine große und breitgefächerte Auswahl an Kleidungsstücken in den Konfektionsgrößen 34 bis 56 sowie Schmuck und Accessoires. Noch dazu können die Besucherinnen auf eine ehrliche und kompetente Beratung zählen und dabei ihren individuellen Style finden.

Stellt sich noch die Frage, was sich das Team Krone für die Zukunft wünscht: »Unser Ziel ist es, dass sich bei uns alle Gäste wohlfühlen, wir wollten einen Treffpunkt für jedermann schaffen. Und ganz besonders freut uns dann, wenn wir von unseren Gästen als Geheimtipp gehandelt werden.

Meinen Traum, ein Atelier einzurichten, habe ich noch nicht aufgegeben. Aber hier ist immer so viel los, dass ich einfach nicht dazu komme …«

Auf der großen Terrasse können die Gäste im Schatten der Bäume entspannen und die leckeren Kuchen und herzhaften Speisen genießen. Falls das Wetter nicht so mitspielt, kann man im Innenbereich oder im Wohnwagen sitzen.

Feuerwehrkuchen

Heißgeliebt im Trendcafé Krone

Zutaten

Für eine Springform (32 cm)

Für den Teig

250 g Mehl
125 g Butter
60 g Zucker
1 Ei (M)

Für den Belag

400 ml Sauerkirschsaft
1 Pck. (37 g) Vanillepudding
4 cl Kirschschnaps
2 Gläser Schattenmorellen

Für die Streusel

90 g Butter
100 g Zucker
110 g Mehl
100 g gemahlene Mandeln
½ TL Zimt

Für das Topping

400 g Sahne
1 Pck. Sahnesteif
1 TL Zucker
Kakaopulver

Zubereitung

Alle Zutaten für den Mürbteig-Boden vermengen und zu einem glatten Teig verkneten. Für 30 Minuten im Kühlschrank ruhen lassen.

Mürbteig auf wenig Mehl ausrollen und in die vorher gefettete Form (Ø 32 cm) geben. Dabei einen 3 cm hohen Rand formen. Den Boden mehrfach mit einer Gabel einstechen.

Für den Belag den Vanillepudding nach Anleitung mit dem Sauerkirschsaft kochen. Schnaps und Schattenmorellen unterrühren. Die Kirsch-Masse daraufhin auf den Boden der Backform geben.

Die Zutaten für die Streusel verkneten und auf den Kirschen verteilen.

Den Kuchen bei 180–200 °C Ober-/Unterhitze etwa 1 Stunde backen.

Für das Topping Sahne, Sahnesteif und Zucker steifschlagen und auf dem abgekühlten Kuchen verteilen. Anschließend mit Kakao bestäuben.

sonnenalbfilz

Große Lama- und Alpaka-Liebe

Viele Jahre war Ulrike Schäfer in verschiedenen Textilbetrieben auf der Schwäbischen Alb tätig. »Damals wurden viele der namhaften Bekleidungsmarken auf der Schwäbischen Alb gefertigt – ob Strickmoden, Wäsche, Badebekleidung oder Baby- und Kindermoden, die Bandbreite war riesig, und ich fand es spannend, in den verschiedenen Bereichen zu arbeiten«, erzählt die gelernte Bekleidungstechnikerin. »Doch mit den Jahren hat sich viel verändert, die Produktion wurde ins Ausland verlagert, und ich empfand die Textilindustrie mehr und mehr als sehr unpersönlich und weit weg von den Menschen. Deshalb habe ich um das Jahr 1999 alle Zelte abgebrochen und bin von der Alb nach Reutlingen gezogen. Dort habe ich Nähmaschinen verkauft – für mich eine völlig andere Arbeit, die dennoch mit der Textilbranche zu tun hatte.«

Die neue, alte Liebe führte sie dann allerdings wieder zurück nach Melchingen. 2004 kamen dann ihre beiden Söhne auf die Welt, und sie genoss es, erst einmal Mutter zu sein. Gerade als sie sich 2007 beruflich neu orientieren wollte, erlitt ihr Mann einen Schlaganfall. »Das war eine harte Zeit. Ich musste mich um meinen Mann und die Kinder kümmern, da war gar nicht daran zu denken, wieder arbeiten zu gehen«, denkt sie zurück. »In der Reha ist meinem Mann auf einem Hof ein Lama begegnet, das es ihm angetan hat. Wie es der Zufall will, stand der junge Hengst ›Prinz‹ zum Verkauf, weil er aus der Herde musste. Wir hatten damals keine Ahnung von der Lama-Haltung, aber es war so offensichtlich, dass der Umgang mit dem Tier meinem Mann guttat, deshalb entschieden wir uns, das Lama bei uns aufzunehmen. Auf dem besagten Hof machte mein Mann auch eine Ausbildung zum Coach für tiergestützte Therapie und erwarb das Wissen über die richtige Haltung und den richtigen Umgang mit den Tieren.«

Da Lamas Herdentiere sind, war klar, dass »Prinz« nicht allein bei den Schäfers leben konnte. So ergänzte die bereits trächtige Alpakastute »Wolke« den Neuweltkameliden-Bestand (Herde aus Lamas und Alpakas). »Johanna« wurde geboren und »Camillo«, »Laetare« und »Marie« folgten bald. »Wir haben uns für Alpakas entschieden, weil sie ein sehr feines

SONNENALBFILZ

Unter den Linden 23 • 72393 Burladingen • Tel. 07126/452 • schaefer-bekleidung.de
Öffnungszeiten: nach Vereinbarung

Ulrike Schäfers Tipps

Es gibt kaum eine Möglichkeit, die herrliche Landschaft der Schwäbischen Alb schöner und intensiver zu erkunden, als bei einem Lama-/Alpaka-Spaziergang. Wilfried Schäfer bietet geführte Touren rund um Melchingen und Begegnung mit diesen ganz besonderen Tieren an. (Tel. 0173/187 95 09, sonnenalbranch-schaefer.jimdofree.com)

Vlies haben. Ich arbeitete gerne mit dem Naturmaterial Wolle und wollte gerne einen eigenen Wollfilz herstellen lassen. Da das Alpaka-Vlies alleine dafür zu fein ist, mische ich es mit Wolle von Merinolandschafen von der Alb. Daraus entsteht ein fester, aber dennoch angenehm weicher Filz«, erklärt Ulrike Schäfer.

Die Schafwolle kauft sie von regionalen Schäfereien: »Für den Filz verarbeite ich ausschließlich Naturhaar, das möglichst aus der Region kommt. Ich möchte weite Transportwege vermeiden. Mir ist es wichtig, dass die Wertschöpfung im Land bleibt. Es kann doch nicht sein, dass die Schäfer hier die Wolle zum Teil wegwerfen müssen, weil sich der Verkauf nicht lohnt.«

Erste Erfahrungen mit der Verarbeitung von Filzstoffen sammelte Ulrike Schäfer beim Theater Lindenhof in Melchingen, für das sie Kostüme nach Entwürfen entwickelte und nähte: »Dort gab es auch Kostüme aus Filz. Ich mochte das Material sofort und fand es super, dass man es nicht versäubern muss.« Für die erste eigene sonnenalbfilz-Kollektion entwarf sie aus dem industriell hergestellten Reinwollfilz erst einmal große, stabile Kaminholztaschen und Umhängetaschen, die sie auf verschiedenen Märkten verkaufte. Dann entstand der erste eigene Alpaka-/Merinolandschaf-Filz mit Rohmaterial aus regionaler Herkunft. Nach und nach kamen neue Produkte hinzu: Sitzkissen mit verschiedenen Sprüchen bestickt, Rollmäppchen, Deko-Anhänger in verschiedenen Variationen, Hausschuhe, Schlüsselgaräschle, Reisesitzkissen mit aufgesticktem

Brettspiel etc. Verkaufsrenner sind unter anderem die kuschlig-warmen Sohlen, mit denen kalte Füße der Vergangenheit angehören: »Die Leute lieben unsere Einlegesohlen, die aus dem regionalen Filz gestanzt werden und deren Unterseite mit Naturkautschuk versehen ist, damit sie im Schuh nicht rutschen.« Auch Steppbetten mit Alpaka-Vlies kann man bei Ulrike Schäfer bestellen – auf Wunsch sogar mit dem Vlies des Lieblingstieres.

Sehr beliebt, gerade zu Festen wie Kommunion oder Konfirmation, sind die Gotteslobhüllen aus buntem Filz. »Diese Hüllen biete ich in allen möglichen Farben an. Den bunten Reinwollfilz kaufe ich zu. Die Hüllen für die Gesangbücher besticke ich auf Wunsch mit dem Namen, so werden sie zu einem sehr persönlichen Geschenk.«

Ulrike Schäfer hat viele Stammkunden, die bei ihr auf den diversen Märkten einkaufen: »Ich kann und will nicht expandieren. Es läuft stabil, und ich habe ein gutes Gleichgewicht für mich gefunden.«

Seit Ulrike Schäfer und ihre Familie die kleine Landwirtschaft und die Pferde von ihren Schwiegereltern übernommen haben, sind sie fast zu Selbstversorgern geworden. »Wir haben Krautland, auf dem von Kartoffeln über Zwiebeln, Karotten und Salat alles für den Eigenbedarf angebaut wird. Dazu haben wir ein paar Hühner. Wir versuchen, so viel wie möglich selbst zu produzieren – auch das Futter für die Tiere. Im Herbst wecke ich vieles ein oder trockne beziehungsweise dörre es – ich empfinde es als erfüllend, im Einklang mit der Natur zu leben.«

Ulrike Schäfer verarbeitet in ihrem Atelier neben dem industriell hergestellten Reinwollfilz auch eigenen Filz aus einer Alpaka-Merinoschaf-Mischung. Daraus fertigt sie verschiedene Produkte mit individuellen Stickereien.

Schwäbischer Beerenkuchen

Kann mit verschiedenen Beeren nach Geschmack variiert werden

Zutaten

Für eine Springform (28 cm)

Für den Teig

125 g weiche Butter
65 g Zucker
1 Ei (M)
250 g Mehl

Für den Belag

4 Eiweiß und 4 Eigelb
200 g Zucker
125 g ungeschälte, gemahlene Mandeln oder Haselnüsse
500 g geputzte bzw. abgezupfte Beeren nach Wahl (Stachelbeeren, Heidelbeeren, Trauben Johannisbeeren etc.) – Ulrike Schäfer verwendet immer eigene Beeren, die sie – noch gefroren – in die Teigmasse unterrührt, damit wird vermieden, dass der Boden durchweicht.

Zubereitung

Für den Mürbteig die weiche Butter schaumig rühren. Zucker, Ei und Mehl hinzugeben und den Teig kurz mit dem Knethaken durchkneten. Vor der Weiterverarbeitung 1 Stunde im Kühlschrank ruhen lassen.

TIPP

Den Mürbteig immer zwischen zwei leicht bemehlten Backpapieren ausrollen. Damit wird vermieden, dass der Teig auf dem Tisch oder am Wellholz kleben bleibt.

Für den Guss die Eiweiße in einem separaten Gefäß zu steifem Schnee schlagen. In einer anderen Schüssel Eigelbe schaumig schlagen, Zucker einrühren, Mandeln dazugeben. Dann die noch gefrorenen Beeren zufügen und unter den steifen Eischnee heben.

Die Masse auf dem mit Mürbteig belegten Blech (Ø 28 cm) verteilen und den Kuchen im vorgeheizten Ofen bei 180–200 °C Ober-/Unterhitze etwa 1 Stunde backen.

Stanka's Café

Treffpunkt der Herzen

Gleich nach Abschluss der Hotelakademie in der Slowakei zog es Stanislawa Eisele nach Deutschland: »Ich habe mich schon während der Schulzeit überall beworben und schließlich eine Zusage von einem Hotel in Reutlingen erhalten. So habe ich im Mai die Schule abgeschlossen und im Juni schon angefangen zu arbeiten.« Hier lernte sie auch ihren jetzigen Mann kennen – einen waschechten Schwaben aus Esslingen. »So kam ich zu meinem klangvollen Nachnamen«, erzählt sie lachend.

Als die beiden Kinder geboren waren, suchten die Eiseles ein Haus und wurden in Nehren fündig: »Ich war nicht so überzeugt von dem Umzug nach Nehren und dachte, dass sich da Fuchs und Hase gute Nacht sagen. Heute möchte ich hier nicht mehr weg und bin von Herzen Nehrenerin!« Am Anfang pendelte Stanislawa Eisele noch zu ihrer alten Arbeitsstelle nach Reutlingen, doch dann hörte sie, dass das Gasthaus »Schwanen« in Nehren als Genossenschaftsprojekt wieder eröffnet werden sollte. Sie bewarb sich und wurde sofort genommen. Die Arbeit gefiel ihr gut, doch die Tage waren lang, stressig und schwer, mit dem Familienalltag zu vereinbaren: »Ich suchte nach einer Möglichkeit, Arbeit und Kinder besser unter einen Hut zu bringen, und hörte, dass die örtliche Post geschlossen werden sollte. Andere Mütter fragten, ob ich nicht ein Café aufmachen könnte, da es im Ort nichts gibt, wo man sich mal auf einen Kaffee treffen konnte.« Die Idee ließ Stanislawa Eisele nicht mehr los, und schließlich ging sie mit ihrer Geschäftsidee zum Bürgermeister, der sofort begeistert war.

»Ich kündigte meinen Job, mietete die Räumlichkeiten an und genau dann, als ich startklar war, kam Corona. Wir nutzten die Zeit für Renovierungen und konnten schließlich am 1. September 2020 eröffnen, mussten aber zwei Monate später wegen des Lockdowns direkt wieder schließen. Das war hart.« Sie hielt sich mit To-go-Angeboten von Suppen und Kuchen über Wasser. Doch kurz nach der Wiedereröffnung, gab es direkt vor dem Café monatelang eine Baustelle. »Das war echt eine harte Zeit, aber jetzt läuft es endlich normal, und ich kann positiv in die Zukunft schauen.«

STANKA'S CAFÉ
Luppachstraße 1 • 72147 Nehren • Tel. 0163/665 07 12 • Instagram: @stankascafe
Öffnungszeiten: Di–Fr 9–16 Uhr, Sa–Mo geschlossen

STaNKa's

Trotz aller Widrigkeiten hat Stanka's Café es geschafft, innerhalb kürzester Zeit zum Mittelpunkt des Ortes zu werden. Hier treffen sich einfach alle – Einheimische, Auswärtige, Mütter mit Kindern, Seniorinnen und Senioren, Geschäftsleute. »Früher oder später landen die meisten Leute, die in Nehren etwas orientierungslos sind, bei mir im Café«, schmunzelt sie.

Im Café herrscht eine rege Kommunikation von Tisch zu Tisch. Allein bleibt hier niemand, und auch auf die meisten Fragen gibt es eine Antwort. Ob nun jemand auf Wohnungs- oder Jobsuche ist, eine Kinderbetreuung benötigt oder einen Abnehmer für sein Sofa sucht – in Stanka Eiseles Café findet sich fast immer eine Lösung. »Wenn ich weiß, dass jemand etwas Bestimmtes braucht, frage ich bei den Kunden herum, fast immer weiß jemand Rat oder kennt jemanden, der helfen kann.«

Alle Kuchen und Torten backt Stanka Eisele selbst – ganz besonders beliebt ist ihre Cappuccino-Torte. Ein Gast, der von weiter her anreist, ruft immer vorab an, ob die Torte auch wirklich vorrätig ist. »Wenn ich so viel zu tun habe, dass ich nicht ans Telefon gehen kann, ruft er beim Friseur gegenüber an und fragt, ob kurz jemand ins Café gehen könnte, um nachzuschauen.«

Die Marmelade für das Frühstück und den Sirup für die hausgemachten Limonaden produziert Stanka Eiseles Mama und bringt sie aus der Slowakei mit, wenn sie zu Besuch kommt. Der Papa unterstützt sie bei allen handwerklichen Arbeiten und beim Blumenpflanzen, und ihre Schwester, die ganz in der Nähe wohnt, hilft

Mit ihrem Café wurde Stanka Eisele in kürzester Zeit zum Mittelpunkt von Nehren. Durch ihre herzliche Art schafft sie es, Menschen zusammenzubringen und eine ganz besondere Wohlfühlatmosphäre entstehen zu lassen.

beim Backen und im Café. Ihr Mann muss die Kasse programmieren, das Leergut wegfahren und hilft, wo es nötig ist: »Ohne meine Familie könnte ich das Café nicht führen. Die Unterstützung ist unglaublich wichtig für mich.«

Jeden Tag kocht sie eine Suppe für den Mittagstisch, die zusammen mit hausgemachten gefüllten Hefeknoten serviert wird. Auch Panini und deftige kleine Gerichte stehen auf der Karte. In Stanka's Café finden abends immer wieder Veranstaltungen statt – ob Gin-Tasting, Naturkosmetik-Abende oder Events mit örtlichen Gruppen und Vereinen – »ich möchte, dass ein bisschen Leben ins Dorf kommt«, erklärt die Inhaberin. Dafür ist die Lage ihres Cafés auf der Wette, einer Kreuzung mitten im Dorf, ideal. »An Sommertagen herrscht hier eine wunderbare Atmosphäre, die Leute sitzen über den ganzen Platz verstreut und trinken oder essen etwas. Die Kinder plantschen im Brunnen und haben Spaß.«

Im Sommer hat Stanka's Café an den Freitagabenden für gemütliche Zusammenkünfte bei Apérol Spritz und anderen Snacks und Getränken geöffnet. »Einmal im Jahr machen wir einen Abend mit kubanischer Livemusik. Dann tanzen alle auf der Straße – das ist immer ein ganz besonderer Moment«, erzählt sie.

Stanka Eisele ist es gelungen, einen kleinen Glücksort für die Menschen zu schaffen und sie bekommt dafür jede Menge zurück: »Das Café hat viele gute Menschen in mein Leben gebracht, und viele Freundschaften sind hier entstanden, die ich nicht mehr missen möchte.«

Stanka Eiseles Tipp

Ein Ausflug zum NABU-Haus in Nehren lohnt sich zu jeder Jahreszeit. Im Frühling gibt es in der Umgebung jede Menge Bärlauch. Im Sommer kann man die Natur im Schatten der Bäume genießen. Dort findet man auch einen kleinen Barfußpfad.

Cappuccino-Torte

Lieblingstorte vieler Gäste in Stanka's Café

Zutaten
Für eine Springform (28 cm)

Für den Teig
4 Eier (M)
2 EL Zucker
4 EL Mehl
etwas Kakao

Für die Creme
200 g Schlagsahne 33 %
1 Pck. Sahnesteif
50 g Zucker
600 g Frischkäse (natur)
2 Tässchen Espresso (stark)

Für die Dekoration
Kakaopulver

Zubereitung
Für den Biskuitboden die Eier trennen und die Eiweiße zu Schaum schlagen, Zucker hinzugeben. Wenn alles fest ist, Eigelbe hinzufügen und weitere 5 Minuten schlagen.

Mehl mit Kakao in die Eiermasse sieben und leicht vermischen (nur von Hand, nicht mit dem Rührgerät).

In eine Springform geben (Ø 28 cm) und 15 Minuten bei 180 °C Unter-/Oberhitze (160 °C Umluft) backen.

Wenn der Boden ausgekühlt ist, die Creme zubereiten.

Sahne, Sahnesteif, Zucker, Frischkäse und den kalten Espresso zusammen aufschlagen.

Einen Tortenring um den Boden legen und die Masse darauf verteilen. Mehrere Stunden im Kühlschrank durchziehen lassen.

Kurz vor dem Servieren Kakaopulver darübersieben.

Caro·s Deli

Heimlich vegane Bowls

Sich als junge Mutter gesund und vollwertig zu ernähren, ist gar nicht so einfach – das wurde Caro Wahl bewusst, als der Nachwuchs da war. »Ich habe immer wieder Brezeln gegessen, wenn ich kurz Zeit zum Essen hatte. Nach einiger Zeit wurde mir bewusst, dass ich dagegen unbedingt etwas machen muss.«

Caro Wahl stellte ihre Ernährung um und machte eine Ausbildung zur Ernährungsberaterin – »damit ich auch weiß, was ich tue. Insgeheim habe ich davon geträumt, ein kleines Café zu eröffnen, aber ich habe mich einfach nicht getraut.« So startete sie stattdessen erst einmal mit einem Instagram-Account, auf dem sie eigene, gesunde Rezepte veröffentlichte. Dieser blieb nicht lange unbemerkt. Der Leiter des regionalen Edeka-Markts fragte an, ob sie nicht Lust hätte, wöchentlich neue Rezepte zu kreieren und auf der Seite des Supermarktes zu veröffentlichen. »Die Anfrage kam wie gerufen, so merkte ich, dass ich mit meinen gesunden Rezepten auf dem richtigen Weg bin«, erzählt sie.

Der Gedanke an das eigene Café ließ sie einfach nicht los. »Wenn ich mal irgendwohin wollte, um gemütlich in einem Café zu sitzen, bin ich meist nach Tübingen oder sogar nach Stuttgart gefahren, weil es hier so etwas nicht gibt. Deshalb war von Anfang an klar, dass ich etwas in Bisingen machen wollte – hier bin ich aufgewachsen, und hier fühle ich mich wohl. Ich wollte meiner Heimatgemeinde etwas zurückgeben.«

Die Suche nach einer passenden Location war nicht leicht. Doch während der Corona-Zeit musste das örtliche Reisebüro schließen. Der Laden mitten im Dorf bot eine perfekte Lage – und so wurde Caro Wahls Traum Realität. »Ich wollte vor allem etwas für die Mütter machen und gesunde regionale und saisonale Kost anbieten. Bowls fand ich dafür perfekt, man kann sie immer neu kombinieren – je nachdem, was der Gärtner in der Region, von dem ich das gesamte Obst und Gemüse beziehe, gerade im Sortiment hat.« Sie startete mit Frühstückbowls und nahm bald auch Bowls für ein ausgewogenes Mittags- beziehungsweise Abendessen mit auf die Karte.

CARO·S DELI

Hauptstraße 11 • 72406 Bisingen • Tel. 0172/2760700 • carosdeli.de
Instagram: @caros.deli
Öffnungszeiten: Di 10–14 Uhr und nach Vereinbarung

FREUNDEBUCH

Dass es in Caro·s Deli köstliche, kreative und gleichzeitig rundum gesunde Mahlzeiten gibt, sprach sich in der Region schnell herum, und die Bowls fanden von Anfang an reißenden Absatz. Doch ein Wasserschaden drohte wenige Wochen nach der Eröffnung, das Deli gleich wieder auszubremsen. Aber die rührige Besitzerin entwickelte postwendend eine neue Idee: »Bowls to go«. »Rund 80 Prozent der Bowls, die ich hier verkaufe, sind Vorbestellungen, der Rest geht an Kunden, die spontan vorbeikommen. Übrig bleibt selten etwas: »Ich könnte viel mehr verkaufen, aber ich möchte auf Qualität statt auf Masse setzen. Ich schneide alle Zutaten von Hand und bin absolut überzeugt, dass man schmeckt, wie viel Liebe ich in die Zubereitung der Bowls stecke«, meint Caro Wahl.

Von Anfang an waren alle ihr Bowls vegan. Doch darüber spricht sie nicht viel: »Ich habe das Gefühl, dass das auf manche abschreckend wirken könnte, weil sie denken, dass Veganer belehrend sind. Vielleicht liegt es daran, dass man nach einer Ernährungsumstellung allen erzählen möchte, wie gut es einem geht, und andere fühlen sich in ihren Gewohnheiten angegriffen«, überlegt sie. »Ich möchte gar keinen großen Fokus daraufsetzen, sondern einfach mit dem Geschmack überzeugen.«

Doch Caro Wahl treibt noch mehr an: »Ich habe mit meinen Bowls eine Mission – ich möchte durch die Zusammenstellung der Bowls zeigen, welches Obst und Gemüse gerade regional verfügbar ist, und ein Bewusstsein dafür schaffen, was hier je nach Jahreszeit bei uns gerade wächst. Regional und saisonal zu essen,

Bei Caro Wahl dreht sich alles um die leckeren Bowls, die sie saisonal mit Obst, Gemüse und Hülsenfrüchten anrichtet. Sie möchte die Menschen zu einem gesunden Ernährungsstil inspirieren.

haben wir ein bisschen verlernt, weil alles jederzeit verfügbar ist. Wenn wir uns aber gesund und nachhaltig ernähren möchten, ist es wichtig, sich darauf zu besinnen.« Natürlich bekommen die Kunden ihre Bowls auf Wunsch auch in Mehrwegbehältern. Wer zu Hause eigene Bowls kreieren möchte, findet in Caro·s' Sortiment seit Neuestem auch die Gewürzmischung und die Bowl-Soße nach ihrem Geheimrezept.

In Caro·s Deli finden regelmäßig Veranstaltungen statt. Dann stehen Yoga, Mindset oder Selflove-Kurse mit befreundeten Kursleitern auf dem Programm – kombiniert mit den verführerischen Bowls von Caro·s, versteht sich.

Die Kunden von Caro·s Deli kommen aus der ganzen Region. Die Bisinger fremdeln dagegen noch etwas: »Das passt zu Caro·s, sagen hier viele, wenn sie sehen, was ich mache und wenn es bunt und anders ist, aber bis sie sich dann zu mir ins Deli trauen und Essen holen, brauchen einige wohl noch etwas Zeit«, schmunzelt sie. Dafür freut sie sich, dass einige Herren aus der Nachbarschaft nach nunmehr zwei Jahren zum ersten Mal vorbeikamen, um eine Bowl zu kaufen. Ganz sicher wird das nicht das letzte Mal gewesen sein, wenn sie sie erst einmal probiert haben.

Derweil überlegt Caro Wahl schon, wie es weitergehen soll: »Einen Foodtruck finde ich ganz gut, damit wäre ich flexibel und hätte kurze Wege. Aber ich hätte auch total Lust, den Leuten Tipps zu geben, was sie mit den Lebensmitteln in ihrem Kühlschrank kochen könnten, um nichts wegwerfen zu müssen.«

Caro Wahls Tipp

Majestätisch thront die Burg Hohenzollern über Bisingen. Eine superschöne Wanderung führt hinauf zum Zeller Horn. Von dort hat man einen fantastischen Blick über die Burg. Perfekt auch, um den Sonnenuntergang zu beobachten.

Inspirationen für saisonale Bowls

Ideen für eine Frühjahr-/Sommer- und eine Herbst-/Winter-Bowl

Zutaten

Hülsenfrüchte
Obst
Gemüse (Rohkost und gekocht bzw. gebraten)
Vollkornprodukte
Nüsse/Kerne/Samen
Dressing

Zubereitung

Caro Wahl liebt es, ihre Bowls so saisonal wie möglich zu gestalten, und daher sieht jede ihrer Bowls anders aus. Damit eine Bowl in ihren Augen vollwertig ist und auch satt macht, gehören aber auf alle Fälle Zutaten aus der Liste links in eine Bowl.

Caro Wahl empfiehlt, eine Basis aus Salat und viel saisonales Gemüse zu verwenden – in Kombination mit den links genannten Zutaten wird eine perfekte Mahlzeit daraus, die noch dazu sehr lecker ist. Nur Mut beim Kombinieren – gerade die Mischung aus den verschiedenen Komponenten schmeckt einfach nur genial.

Im Sommer wählt sie gerne ein leichtes Dressing aus Kräutern, Sesammus (Tahin) und Zitrone. Für den Winter setzt sie auf ein Dressing aus Cashews, Sojamilch und Zwiebeln.

Dafür gibt sie alle Zutaten nach Gefühl in den Mixer und mixt alles so lange, bis es die gewünschte Konsistenz hat.

Da Caro Wahl alles nur so natürlich wie möglich verwendet, würzt sie das Gemüse meist nur mit Salz, Pfeffer und Olivenöl.

Die Melange

Zeit für schöne Dinge

Elisabeth Birmanns, gebürtige Kärntnerin, nennt Balingen bereits seit 25 Jahren ihr Zuhause. Durch den Beruf ihres Mannes ist sie mit ihrer Familie zuvor viel herumgekommen, lebte in Lüneburg, Nürnberg, Ingolstadt und in Florida, bevor sie zuletzt auf der Schwäbischen Alb ankam. »Ich muss gestehen, ich hätte mir Balingen auf der Landkarte nicht unbedingt als neue Heimat ausgesucht, bin hier aber sehr gut aufgenommen worden und fühle mich mittlerweile wirklich zu Hause.« Damals war sie mit ihrem dritten Kind schwanger, machte nebenher ihren Betriebswirt und überlegte, wie sie ihre Zukunft gestalten wollte.

»Irgendwann habe ich dieses Ladenlokal hier entdeckt. Bei der Besichtigung dachte ich, genau das ist es! Ein eigener Laden wäre perfekt. Mein Mann bestärkte mich, die Idee umzusetzen. Es passte auch ganz gut, denn seit unserer Zeit in Florida sammelten wir Art-déco-Objekte und verkauften sie auf Antikmärkten.« Während die Kinder in der Schule waren, renovierte Elisabeth Birmanns die Räumlichkeiten – die Einrichtung des Ladens übernahm ihr Mann, der eine große Leidenschaft für Design hat.

Da das Geschäft etwas abseits der Einkaufsstraße liegt, überlegte das Ehepaar, zusätzlich ein kleines Café zu integrieren, um mehr Leute anzusprechen: »Eine Kombination aus Laden und Café gab es damals noch nirgendwo, und ich dachte, ich könnte damit doch meinen Wurzeln gerecht werden und mir ein kleines österreichisches Refugium mit österreichischen Kaffee- und Kuchenspezialitäten schaffen.« So machte sie sich auf die Suche nach einer Kaffeemaschine und wurde schnell fündig: »Ich habe spontan eine Profi-Kaffeemaschine gekauft – dann gab's keinen Weg mehr zurück. Der erste Schritt zum eigenen Laden und Café war geschafft. Die Maschine ist übrigens heute noch in Betrieb.«

Auch ein Name war bald gefunden – die Melange ist nicht nur eine köstliche österreichische Kaffeespezialität, sondern bezeichnet auch eine bunte Mischung – perfekt also, um das Ladenkonzept zu beschreiben. Zu kaufen gibt es eben eine bunte Mischung aus schönen Dingen: außergewöhnliche Deko-Objekte für drinnen und draußen, stylisches Geschirr und Küchenhelfer, zauberhafte Kinderartikel und

DIE MELANGE

Ölbergstraße 2 • 72336 Balingen • Tel. 07433/903 29 92 • die-melange.jimdo.com
Öffnungszeiten: Di–Fr 11–18 Uhr, Sa 10–14 Uhr, So und Mo geschlossen

Salvador

E. Birmanns' Tipp

Die Inhaberin empfiehlt einen Stadtbummel durch Balingen und einen Spaziergang entlang der Eyach. Seit der Gartenschau ist das Städtchen noch attraktiver geworden.

ausgewählte Kleidungsstücke. Gegenüber der Ladentheke gibt es mehrere Sitzmöglichkeiten, auf denen man sich für eine kleine Auszeit bei Kaffee und Kuchen niederlassen kann.

Zum Geheimtipp entwickelte sich die Melange mit dem inzwischen über die Stadtgrenzen hinaus bekannten Blechkuchen – alle von der Inhaberin selbst gebacken: »Wenn ich morgens backe, zieht der Duft bis auf die Straße hinaus, und Leute kommen dann oft und fragen, was ich gerade backe. Dabei hätte ich früher nie gedacht, dass ich mal täglich Kuchen backen würde. Am Anfang habe ich heimlich beobachtet, ob die Leute den Kuchen wohl aufessen – aber es schien ihnen gut zu schmecken. Das ist nun bereits 15 Jahre her, eine lange, aber auch sehr schöne Zeit.« Unterstützt wurde sie von Anfang an von ihrem Mann und ihren drei Söhnen, die auch heute noch gerne mithelfen, wenn sie zu Besuch in Balingen sind. Aber ohne das wunderbare und tatkräftige Team wäre das alles gar nicht mehr zu schaffen.

Die Melange hat viele Stammkunden: »Die Leute fühlen sich bei uns wohl und fast wie zu Hause. So mancher hilft schon mal aus, wenn

Not am Mann ist«, freut sich Elisabeth Birmanns. »Unsere Kundinnen und Kunden kommen zu uns, um ein bisschen Zeit für schöne Dinge zu genießen. Viele wählen ganz in Ruhe ein Geschenk aus, trinken danach entspannt einen Kaffee, essen ein Stück Kuchen mit Schlagobers, während das Geschenk schön verpackt wird. Wenn sie rausgehen, sind sie glücklich – und das wiederum gibt mir ein gutes Gefühl.«

Bei schönem Wetter herrscht an den Tischen im Freien Hochbetrieb, und der ganze Platz rundum erwacht zum Leben. Für die Kinder hält Elisabeth Birmanns Spielsachen bereit. Fleißige Kinderhände gießen auch mal mit Begeisterung die liebevoll gepflanzte Blumendekoration – eine Win-win-Situation für beide Seiten. Auch der Brunnen gegenüber steht bei den Kids hoch im Kurs, ebenso wie die selbstgebackenen leckeren Kekse nach eigenem Geheimrezept, die Elisabeth Birmanns als kleine Leckerei für die Kinder, die in den Laden kommen bereithält und die auch zu jedem Kaffeegetränk serviert werden.

»Rückblickend kann ich sagen, dass es die richtige Entscheidung war – auch wenn ich meinen persönlichen Einsatz doch ziemlich unterschätzt hatte. Zu Beginn war da zudem noch die Angst zu scheitern, noch größer jedoch die Angst, im Alter zu sagen: Ich habe mich nicht getraut. Man braucht einfach Herausforderungen, um zu wachsen. Bis heute komme ich jeden Tag gerne in meinen kleinen Laden und bin immer wieder gespannt, was der Tag so bringt.«

Wenn Elisabeth Birmanns backt, steigt einem der Duft der köstlichen Blechkuchen schon von Weitem in die Nase. Doch in der »Melange« gibt es nicht nur Kaffee und Kuchen, sondern auch viele schöne Dinge zu kaufen.

Topfen-Marillen-Blechkuchen

Wie ihn die Gäste der Melange lieben

Zutaten

Für ein Blech

Für den Teig

250 g Butter
1 Ei (M)
1 Eigelb
150 g Zucker
1 Prise Salz
2 Pck. Bourbon-Vanillezucker
½ Pck. Weinstein-backpulver
500 g Weizenmehl Type 405

Für die Füllung

1 kg Topfen (alternativ: abgetropfter Mager-quark)
150 g Zucker
1 Pck. Vanillepudding
1 Pck. Bourbon-Vanillezucker
2 Eier (M)
1 Eiweiß
1 kg Marillen (Aprikosen)
optional: Erdbeeren

Zubereitung

Mürbteig herstellen. ⅔ auf ein gefettetes Backblech geben.

Zutaten für die Topfenmasse cremig aufschlagen und auf dem Mürbteig verteilen.

Marillen entsteinen, in Spalten schneiden auf die Topfenmasse legen.

Optional: Erdbeeren in Scheiben schneiden und dazwischen anordnen.

⅓ des Mürbteigs zu Streuseln formen und darauf verteilen.

Im vorgeheizten Ofen bei 180 °C (Ober-/Unterhitze) 35 Minuten backen.

Josis Klause

Von Cupcakes zu Kuchen

Schon immer hatte die Albstädterin Josefa Knupe ein Faible für schöne Autos und Geschwindigkeit – kein Wunder, denn Autos spielten schon in ihrer Kindheit eine große Rolle. Ihre Großeltern besaßen mehrere Autohäuser in der Region. Die nachfolgende Generation hatte kein Interesse, die Firma zu übernehmen, so beschloss die damals 17-Jährige: »Wenn's keiner machen möchte, dann mache ich es!« Für den Übergang wurde ein Geschäftsführer eingesetzt.

Josefa Knupe arbeitete zwei Jahre im Familienbetrieb mit und machte anschließend ihren Betriebswirt. Gerade als sie bereit war, mit voller Kraft einzusteigen, stellte sich heraus, dass das Unternehmen verkauft werden musste, weil der Geschäftsführer einige Fehlentscheidungen getroffen hatte. »Das hat mir damals den Boden unter den Füßen weggezogen. Ich arbeitete dann in München bei einer IT-Firma und später auch in einem Autohaus. Aber ich habe irgendwann alles infrage gestellt und mir überlegt: Was kann ich? Was will ich? Schließlich habe ich mich entschlossen, etwas ganz anderes zu probieren, und nahm einen Job als Verkäuferin in Konstanz an«, erinnert sich Josefa Knupe. »Das passte ganz gut. Eine Reit-Freundin hatte dort ein Ferienhaus mit einer Wohnung. Sie bot mir an, dort zu wohnen. Am Wochenende durfte ich dann ihr Pferd auf der Schwäbischen Alb reiten.« Ein verlockendes Angebot für die passionierte Reiterin.

So startete sie ein neues Leben in Konstanz, pendelte aber an den Wochenenden nach Albstadt. »Ich dachte immer wieder – hier fehlt einfach noch ein Café«, so Josefa Knupe. »Ich bekam ein Jobangebot als Prozessmanagerin für ein Autohaus im Schwarzwald-Baar-Gebiet. So konnte ich wieder in Albstadt wohnen und in meinem erlernten Bereich arbeiten. Dieses Angebot konnte ich nicht ausschlagen. Trotzdem wollte ich mehr. Ich wollte selbstständig sein und Sachen verkaufen beziehungsweise produzieren. So kam es dazu, dass ich die Idee von einem Café in Albstadt hatte.«

Durch einen Zufall wurde sie auf das alte Fachwerkhaus aufmerksam, das schon seit 20 Jahren leer stand. »Zusammen mit meinem Papa, der Architekt ist, habe ich mir das Haus angesehen. Als ich die Tür aufgemacht habe,

JOSIS KLAUSE

Kirchengraben 2 • 72458 Albstadt-Ebingen • Tel. 07431/763 80 17 • josisklause.de
Öffnungszeiten: Mi–Fr 11–18 Uhr, Sa 9–14 Uhr, So 14–18 Uhr, Mo und Di geschlossen

KLAUSE
Treats
Sweet

dachte ich: Das ist mein Haus!« Es gab viele Interessenten für das Haus, aber vor allem der Dachstuhl war in so einem schlechten Zustand, dass alle anderen ablehnten. Der Papa meinte: »Ein Umbau ist machbar, aber es wird schwer.«

Eine anstrengende Zeit für Josefa Knupe, denn sie übernahm viele Renovierungsarbeiten selbst: »Ich habe die Böden geschliffen, Tapeten abgekratzt und alles selbst gestrichen.« Währenddessen gab es auch einige hämische Kommentare der Leute: »Wer nichts wird, wird Wirt« oder »das wird eh nichts, die macht eh bald wieder zu«. Doch das spornte sie erst recht an, ihr Projekt umzusetzen. Ihre Mama meinte: »Du hast so viel Platz, mach doch eine Pension daraus.« Josefa Knupe überlegte: »Wer übernachtet wohl in Albstadt?« Schlussendlich entschied sie sich, vier Gästezimmer in der oberen Etage einzurichten.

Im Café wollte sie Cupcakes anbieten. Ihre Oma sah das jedoch skeptisch: »Die Leute wissen doch gar nicht, wie man das isst. Da fragt sich doch jeder, ob man erst die Creme und dann den Muffin isst oder umgekehrt – oder ob man das Papier mitessen kann.« Auf dem Weihnachtsmarkt startete sie einen Versuchsballon und verkaufte dort ihre Cupcakes – mit Erfolg, ihr Angebot kam sehr gut an.

Im Oktober 2016 war es endlich so weit, und sie konnte »Josis Klause« eröffnen. »Am Anfang lief es etwas schleppend. Die Leute beschwerten sich, dass es keinen Kuchen gab. Also habe ich nachgegeben und doch Kuchen und Torten mit ins Sortiment aufgenommen. Ab da lief es,« stellt sie fest.

Josefa Knupe hat mit »Josis Klause« ein gemütliches Café in Albstadt-Ebingen geschaffen, das zu einem beliebten Treffpunkt geworden ist. Wer länger bleiben möchte, kann sich hier auch einmieten und in einem der charmanten Gästezimmer übernachten.

Josefa Knupes Tipp

Das Hörnle zwischen Tieringen und Hossingen. Von dort hat man einen schönen Ausblick und kann, wenn man möchte, weiterwandern über den Lochen, Richtung Schafberg.

Die vier Pensionszimmer sind liebevoll eingerichtet, und jedes hat seinen ganz eigenen Charme. Bei der Renovierung hat Josefa Knupe versucht, so viel Altes wie möglich zu bewahren. Am Anfang kamen vor allem Geschäftsreisende, seit der Corona-Zeit auch mehr und mehr Touristen. »Wir haben viele Stammgäste – in der Pension ebenso wie im Café – und wissen schon, was sie für Vorlieben haben. Es ist schön, immer wieder bekannte Gesichter hier zu begrüßen«, freut sich Josefa Knupe.

Neben den kleinen Tischen steht mitten im Café ein großer Tisch: »Das war die beste Idee überhaupt, viele kommen allein und setzen sich dort bewusst hin, um in Kontakt mit andern zu kommen. Das funktioniert wunderbar und wird sehr gut angenommen.«

Alle Kuchen und Torten backt die Besitzerin selbst: »Ich liebe es, morgens um sechs in der Küche zu stehen und zu backen, das ist für mich schon fast meditativ.« Beim Vorbereiten des Mittagstischs mit täglich wechselnden Gerichten, den sie von Mittwoch bis Freitag anbietet, wird sie von ihrer Mama unterstützt: »Die Speisekarte ist absichtlich klein, da wir auf frische Speisen setzen und alles selbst zubereiten. Falls einem das Gericht auf der Karte nicht zusagt, gibt es als Alternative auch Bagels, Salate und Panini.«

Während die Pensionsgäste zu 90 Prozent männlich sind, sind die Cafégäste zu 90 Prozent weiblich. Bei Kaffee und Kuchen ein Schwätzle zu halten, ist halt eher ein Frauending.

Vegane Cookies

Schnell gemacht und so lecker ...

Zutaten

(Für etwa 48 Stück)

100 g brauner Zucker
100 g weißer Zucker
1 TL Vanillezucker
250 g Alsan-S (Margarine)
350 g Dinkelmehl
1 TL Weinsteinbackpulver
1 TL Natron
1 Prise Salz
200 g gehackte Zartbitterschokolade (vegan)
100 g gehackte Walnusskerne

Zubereitung

Braunen und weißen Zucker, Vanillezucker und Margarine zusammen schaumig aufschlagen.

Alle weiteren Zutaten unterheben (am besten kneten).

Zu kleinen Kugeln formen und auf ein Backblech mit Backpapier legen.

Bei 170 °C Umluft 8–10 Minuten backen.

Atelier am See Ilse Wolf

Positive Impulse setzen

Wenn Ilse Wolf malt, klingt Musik aus ihrem Atelier – am liebsten Vivaldi. Dabei vergisst sie die Welt um sich herum: »Ich sehe das Bild bis ins kleinste Detail vor mir und male es dann genau so, völlig intuitiv und oft auch sehr schnell. In diesen Momenten bin ich hochkonzentriert, wie in Trance«, erklärt sie ihre Arbeitsweise.

Am liebsten malt Ilse Wolf Hinterglasbilder – über 1000 Bilder hat sie in dieser Technik schon gemalt – und weitere 500 Bilder in anderen Maltechniken. Ihre Bilder sind oft farbenfroh: »Für mich ist es wichtig, etwas Positives in die Welt zu bringen, das habe ich schon immer so gemacht.«

Als Schülerin war Ilse Wolf die Beste im Kunstunterricht: »Ich konnte die Aufgaben immer sofort in Bilder umsetzen. Das fiel mir sehr leicht. Schon damals habe ich in jedem Bild eine Geschichte gemalt, und das mache ich bis heute so. Meine Bilder sind erzählende Bilder, die immer eine Geschichte beinhalten.«

Ihr Vater hatte eine Glaserei in Weingarten, in der Ilse Wolf als Kind manchmal mithelfen und Glas schneiden musste. Vielleicht war das der Ursprung ihrer Liebe zum Glas. Doch dass sie auf Glas malte, war eher Zufall: »Ich habe mit allen möglichen Materialien experimentiert und so auch einmal auf eine Scherbe ein Forsthaus mit Reh gemalt, das war der Anfang meiner Glasmalerei.«

Auch wenn ihr Vater sehr musikalisch war, Cello spielte und sehr gut singen konnte, waren ihre Eltern von ihren künstlerischen Ambitionen wenig begeistert. »Davon kann man doch nicht leben«, meinten sie dazu. »Ein Kunststudium wäre nichts für mich gewesen, aber ich habe einen Aktmalkurs bei Professor Schubert an der Sommerakademie in Kißlegg im Allgäu belegt. Er hat mich als Einzige gelobt – das war sehr wichtig für mich.«

Als junge Mutter ereilte sie ein schwerer Schicksalsschlag. Ihr Mann starb bei einem Unfall und ließ sie mit zwei kleinen Kindern

ATELIER AM SEE ILSE WOLF
Sigmaringer Straße 22 • 72513 Inneringen • Tel. 07577/92369 • ilse-wolf.de
Öffnungszeiten: nach Vereinbarung

zurück. »Der Tod meines Mannes hat wohl die Schwere und die Tragik in meine Kunst gebracht«, blickt Ilse Wolf auf diese Zeit zurück.

Jahre später kam sie durch ihren zweiten Mann nach Inneringen auf die Schwäbische Alb. Er erkannte ihre Passion für die Kunst und ermunterte sie zum Malen. »Er war Förster und verbrachte viel Zeit im Wald – und ich hatte dann zu Hause Zeit zum Malen, wenn die Kinder in der Schule waren. Aber es war manchmal auch ein Spagat zwischen Küche, Kindern und Atelier«, erinnert sich die Künstlerin.

Die Motive ihrer Kunstwerke erscheinen vor ihren Augen wie Visionen. »Auf Reisen oder auch in allen möglichen anderen Situationen sehe ich das Bild plötzlich vor mir, samt einer Geschichte, die es erzählt. Ich sehe jedes einzelne kleine Detail, jede Farbschattierung, sogar die Maße des Bildes und muss dann einfach umsetzen. Ich kann es nicht beschreiben, es geschieht dann völlig intuitiv. Ich mische die Farben und erwische auf Anhieb die richtigen Farbtöne, genauso wie ich sie vor mir sehe«, erzählt Ilse Wolf.

»Bei der Hinterglastechnik wird das Bild in einzelnen Schichten gemalt, so wie es später von vorne zu sehen ist. Erst die kleinen Details im Vordergrund, dann immer weitere Schichten bis zum Hintergrund. Dabei hilft mir sehr, dass ich das Bild so detailliert vor mir sehe.« Einzig die Signatur auf dem Bild zu hinterlassen, fällt ihr schwer: »Ich mag das gar nicht und muss am Ende immer mit einer Rasierklinge die Farbe abkratzen, damit die Signatur

Jedes der Bilder von Ilse Wolf erzählt auch eine Geschichte. Besonders die Hinterglasmalerei hat es der Inneringer Künstlerin angetan – viele ihrer Bilder tragen als Titel poetische Textzeilen von Hermann Hesse.

überhaupt zu sehen ist.« Anschließend baut sie auch höchstpersönlich den Rahmen für das Bild – erst dann ist es für sie fertig.

Viele ihrer Bilder sind mit Textzeilen von Hermann Hesse benannt, beispielsweise DER HERBST STREUT WEISSE NEBEL AUS oder WO JEDES BLATTES FALL IM MOOS VERHALLT. »Oft drücken die poetischen Textzeilen die Seele meiner Bilder wunderbar aus, und ich habe manchmal das Gefühl, dass Hermann Hesse und ich tatsächlich Seelenverwandte sind«, meint Ilse Wolf.

Um sicherzugehen, dass die Betitelung der Kunstwerke durch die Hesse-Zeilen kein rechtliches Problem darstellt, kontaktierte die Tochter der Künstlerin den Enkel des Schriftstellers und Dichters, Silver Hesse. Dieser zeigte sich tief berührt von der Tiefe, die in den Bildern steckt, die mit den Zitaten seines Großvaters zu verschmelzen scheinen – und gab die Erlaubnis, die Textzeilen als Titel zu verwenden.

Auch wenn das Halten der schweren Glasscheibe ihr inzwischen schwerfällt, hat Inge Wolf ihre Liebe zur Malerei nicht verloren und konzentriert sich jetzt aber mehr auf andere Maltechniken. »Mir ist bewusst, dass ich eine ganz besondere Gabe bekommen habe, dafür bin ich sehr dankbar und demütig.«

Ilse Wolfs Tipp

Die alte Kirche im benachbarten Veringendorf mit ihren schönen Fresken ist einmalig schön. Sie ist die älteste Pfarrkirche Hohenzollerns.

Gewandhaus Museum Inneringen

Mode der Jahrhunderte

Der Künstlerin Ilse Wolf wurden viele Talente geschenkt. Neben ihrer Passion für die Malerei ist das Fertigen historischer Gewänder seit vielen Jahren Teil ihres künstlerischen Schaffens. Als ihre Töchter klein waren, begann Ilse Wolf, historische Kleider und Anzüge für deren Barbie-Puppen zu nähen. »Ich wollte den beiden einfach mal zeigen, wie man die Barbies auch anziehen kann«, erzählt die vielseitige Künstlerin schmunzelnd.

Schon immer interessierte sie sich für Mode und hat sich das Nähen selbst beigebracht. Ihre Begeisterung für das Nähen gab sie in Kursen an Schulen an die Kinder weiter – »das habe ich immer gerne gemacht«. In Heimarbeit entstanden indes immer mehr Kostüme aus verschiedenen Epochen.

Doch nicht nur Puppen wurden von Ilse Wolf angezogen, auch für ihre Töchter und deren Freundinnen nähte sie historische Kostüme für einen Ball in München. Die Kleider kamen so gut an, dass die jungen Damen prompt einen Preis gewannen.

Ilse Wolf träumte davon, einmal am Karneval in Venedig teilzunehmen. So lag es nahe, dass sie passende historische Kostüme nicht nur für sich und ihren Mann, sondern auch für ihre Töchter und mehrere Verwandte entwarf und nähte, um sich diesen Traum zu erfüllen. Aus mehr als 1000 Teilen bestand das aufwendige Kostüm ihres Mannes. Die Gruppe reiste mit ihren beeindruckenden Kostümen nach Venedig und nahm dort an einem Wettbewerb teil. Tatsächlich gewann sie einen Preis der Modedesignerin Vivienne Westwood, die auch persönlich vor Ort war.

Ilse Wolfs detailgetreuen Kostüme wurden bekannt und immer wieder für verschiedene Veranstaltungen angefragt. So nahmen 2002 Darsteller in den Kleidern aus verschiedenen Epochen an der Veranstaltung »Adel im

GEWANDHAUS MUSEUM INNERINGEN

Sigmaringer Straße 9 • 72513 Inneringen, Tel. 07577/8609276
bzw. Tel. 07577/92360 (Ilse Wolf) • gewandhaus-inneringen.de
Öffnungszeiten: i.d.R. So und an Feiertagen von 13.30–17 Uhr und nach Vereinbarung

EWANDHAUS MUSEU
9
GEWANDHAUS
MUSEUM

Wandel der Zeit« auf Schloss Sigmaringen teil. In prächtigen Barockkleidern bereicherten sie Veranstaltungen im Ludwigsburger Schloss und gewannen mehrere Preise.

Mit der Zeit kam ein stattlicher Fundus zusammen, und es war eine ideale Fügung, dass sich die Möglichkeit bot, in ihrem Heimatort Inneringen in einem historischen Fachwerkhaus aus dem Ende des 18. Jahrhunderts ein Museum einzurichten, das die Besucher mit auf eine faszinierende Reise durch 500 Jahre Modegeschichte nimmt. Das Haus war nur wenige Meter von Ilse Wolfs Atelier am See (siehe Seite 142) entfernt. Weitere aufwendige Kleider mussten genäht werden – alle entsprechen bis ins kleinste Detail der jeweiligen Epoche. Dafür war eine Menge Recherchearbeit nötig.

Unterstützung bekam Ilse Wolf von der ganzen Familie, besonders aber von ihren Töchtern Katja und Bärbel. Mit ihrer Tochter Katja Morrison, die als freischaffende Künstlerin in Neuseeland arbeitet, verbindet Ilse Wolf die Leidenschaft zur Malerei und zur Mode. Zusammen mit ihr entwarf sie das Gesamtkonzept des Museums. Katja Morrison bemalte die Tapeten im gesamten Gewandhaus Museum mit aufwendiger, illusionistischer Malerei. So wurde jeder Raum zu einem Kunstwerk.

Die Recherche der Details übernahm ihre Tochter Bärbel Wolf-Gellatly, eine passionierte Kennerin der geschichtlichen Details und der Mode im Wandel der Zeit. Sie verfasste Texte zu jeder Epoche, die auf den Schildern in jedem Raum des Museums die Besucher über die Mode-Epoche informieren.

Ein Besuch im Gewandhaus Museum in Inneringen ist eine Reise durch 500 Jahre Modegeschichte. Ilse Wolf und ihre Töchter haben eine einzigartige Sammlung detailgetreuer Gewänder geschaffen.

Für jedes der Kleider musste ein Familienmitglied Modell stehen, und so stecken im Gewandhaus Museum nicht nur die Modegeschichte längst vergangener Epochen, sondern auch jede Menge persönliche Geschichten und Erinnerungen von Ilse Wolf und ihrer Familie.

Auch die Kostüme der Barbie-Puppen fanden im Gewandhaus Museum ihren Platz. Heute kann man dort sage und schreibe 158 Figurinen bestaunen. Die Puppen tragen historische Kostüme von der Gotik bis zur Jahrhundertwende. Ein weiterer Raum des Museums widmet sich dem »Augsburger Geschlechtertanz« mit 78 originalgetreuen Figurinen. Hier modellierte Ilse Wolf sämtliche Gesichter authentisch nach dem Bildnis, das im Augsburger Städtischen Museum ausgestellt ist.

Untätig zu sein, liegt Ilse Wolf gar nicht. Sie findet immer etwas Kreatives zu tun – davon zeugen auch viele Details im Gewandhaus Museum. Dort findet man beispielsweise alte Schuhe, die sie detailverliebt aufgearbeitet und zu kleinen Kunstwerken gemacht hat, ebenso wie den kompletten Stammbaum Napoleons, in dem jedes Familienmitglied – auf ein Ei gemalt – zu sehen ist. »Die Figuren habe ich zur Entspannung gemalt, ich brauchte einfach etwas zu tun«, erzählt sie lachend.

Inzwischen ist das Gewandhaus Museum weit über die Grenzen der Schwäbischen Alb hinaus bekannt, und man darf gespannt sein, durch welche Kunstwerke Ilse Wolf und ihre Töchter das Museum künftig weiter ergänzen.

Bärbel Wolfs Tipp

Eine Wanderung auf dem Höhlenrundweg in Veringenstadt ist eine kleine Reise in die Zeit der Neandertaler. Überhaupt lohnt ein Besuch in dem Fachwerkstädtchen. Katja Morrison hat dort den Grafensaal gestaltet und die Stadtgründungsgeschichte mit lebensgroßen Figuren des Grafenpaares und seiner Gefolgschaft und weitere historische Motive als Wandmalereien verewigt.

Café Seelos & Hofkonditorei Huthmacher

Der Tradition verpflichtet

Das Traditionshaus bietet schon seit 150 Jahren köstliche Kuchen und Torten in direkter Nachbarschaft zum Hohenzollernschloss Sigmaringen an und ist seit dem 18. Mai 1900 offizieller Hoflieferant.

Die Familie der heutigen Besitzer, Stefan und Michael Huthmacher, ist tief mit dem Café Seelos verwurzelt. Schon ihr Vater Konrad Huthmacher war hier Konditormeister und absolvierte seine Ausbildung im Café Seelos. Hier lernte er auch seine spätere Frau kennen, die als Verkäuferin in der Konditorei arbeitete. Als ihr versehentlich ein Erdbeerkuchen von der Platte rutschte, eilte Konrad Huthmacher zur Hilfe – mit seinem beherzten Eingreifen rettete er nicht nur den Kuchen, sondern gewann auch das Herz der jungen Frau.

Schon als Kinder verbrachten Stefan und Michael Huthmacher viel Zeit in der Backstube. Doch dass die Söhne später eine Bäcker- oder Konditorlehre machen und ins Gastrogeschäft einsteigen, wollte der Vater nicht. »Er wusste, wie viel Stress und Arbeit das bedeutet, und wollte nicht schuld sein, wenn wir es hinterher bereuen«, schmunzelt Stefan Huthmacher. »Doch für uns gab es nie etwas anderes – wir wollten immer in seine Fußstapfen treten.«

Auch zu Hause backte der Papa leidenschaftlich gerne: »Unsere Mama war eine super Köchin, das Backen überließ sie aber unserem Papa. Wir hatten jedes Jahr 30 bis 35 verschiedene Sorten leckerer Weihnachtsplätzchen, und zum Beispiel an der Fasnet gab es köstliche Fasnetsküchle. Wir konnten sehen, wie sich die Leute über die Leckereien gefreut haben. Das war für mich der Antrieb, das beruflich zu machen«, erzählt Stefan Huthmacher.

Er absolvierte seine Ausbildung in Stetten am kalten Markt und besuchte die Meisterschule in Heidelberg: »Die Ausbildung dort war sehr gut, aber mir wurde bewusst, dass ich in

CAFÉ SEELOS

Fürst-Wilhelm-Straße 22 • 72488 Sigmaringen • Tel. 07571/12842
hofkonditorei-huthmacher.de
Öffnungszeiten: Mo–Sa 9.30–17 Uhr, So 12–17 Uhr

Café Seelos

keinem großen, sondern lieber in einem kleinen familiären Betrieb arbeiten möchte«. Anders als sein Bruder besuchte Michael Huthmacher stattdessen die Meisterschule in Stuttgart. Nach verschiedenen beruflichen Stationen übernahmen die Brüder 1996 gemeinsam das Café Seelos.

»Das Café Seelos war seit seinem Bestehen eine feste Institution in Sigmaringen. Im Nebenzimmer trafen sich damals die prominenten Persönlichkeiten der Region, und es wurde nicht selten über wichtige politische Themen verhandelt. Um der historischen Bedeutung Rechnung zu tragen, haben wir bewusst den alten Stil des Cafés belassen«, erklärt Michael Huthmacher. »Mit unserem Produktangebot kombinieren wir traditionelle und neue Spezialitäten.«

Bekannt ist das Café Seelos für die Hohenzollerntorte. Der einstige Besitzer des Cafés, Alois Seelos, wollte Fürst Friedrich Viktor zu seinem 70. Geburtstag im Jahr 1961 eine besondere Freude machen und beauftragte seinen Konditormeister Konrad Huthmacher, eine Torte zu kreieren. Weil Fürst Friedrich Viktor bei seinen Besuchen in der Hofkonditorei gerne eine heiße Schokolade mit einem Schuss Rum bestellte, entwickelte Konrad Huthmacher eine Torte mit Schokoladenfüllung und dezenter Rum-Note. Noch heute wird die Torte nach dieser Original-Rezeptur zubereitet. Zu besonderen Anlässen wird sie mit einem Abbild von Schloss Sigmaringen dekoriert – dafür wird die 200 Jahre alte Gipsform genutzt, die von den Huthmachers wie ein Schatz gehütet wird.

Wer das Café Seelos in Sigmaringen besucht, sollte nicht nur die Hohenzollerntorte, sondern auch unbedingt die grandiosen Dominosteine probieren, die es hier in 30 verschiedenen Sorten gibt.

Eine weitere Spezialität des Hauses sind die verschiedenen Strudel – ob Apfel, Zwetschgen oder Rhabarber, die Huthmachers verwenden ausschließlich Früchte aus der Region. Schon viele Jahre arbeiten sie mit demselben Lieferanten vom Bodensee zusammen, der mit viel Herzblut vor allem die alten Apfelsorten anbaut. Dass hier noch richtige Vanillesoße gekocht und kein Fertigprodukt verwendet wird, ist Ehrensache! Aber auch die Pralinen, die selbst gegossenen Zuckerhasen und die große Auswahl an Kuchen und Torten werden von Gästen sehr geschätzt.

S. & M. Huthmachers Tipp

Auf jeden Fall sollte man Schloss Sigmaringen einen Besuch abstatten. Es beherbergt unter anderem die größte private Waffensammlung Europas – mit zahlreichen Ritterrüstungen und historischen Waffen.

Die Huthmachers haben eine weitere einzigartige Spezialität im Angebot: »Meine Mama hat immer von den Dominosteinen geschwärmt, die ihre Oma früher selbst gemacht hat und sagte, sie hätte nie wieder irgendwo so leckere gegessen«, erzählt Michael Huthmacher. Um die Mama zu Weihnachten damit zu überraschen, tüftelten die Brüder lange in der Backstube an der perfekten Rezeptur. Die Überraschung gelang, die Mutter war begeistert. Sie nahmen die Dominosteine in das Sortiment der Konditorei auf, wo sie sehr gut ankamen. Angespornt von diesem Erfolgt, feilten die beiden an Rezepturen für weitere Sorten – eine leckerer als die andere. Und weil die Dominosteine so gefragt sind, gibt es sie von September bis Mai, nicht nur in der Konditorei, sondern auch online zu bestellen.

Schwäbischer Apfelkuchen

Am besten aus regionalen Äpfeln

Zutaten

Für eine Springform (26 cm)

200 g weiche Butter
200 g Zucker
3 Eier (M)
1 Prise Salz
1 Vanilleschote
100 g Mehl, Type 405
100 g Stärkemehl
½ TL Backpulver
3 mittelgroße Äpfel, säuerliche Sorte
2 EL Aprikosenmarmelade
30 g Mandelblättchen
100 g Puderzucker
etwas Zitronensaft

Zubereitung

Weiche Butter, Zucker, die Eier, Salz und Mark von einer Vanilleschote cremig schlagen.

Mehl, Stärke und Backpulver sieben und unter die Masse rühren.

Diese in eine gefettete und bemehlte Form (Ø 26 cm) füllen und glatt streichen.

Die Äpfel schälen, in Scheiben schneiden, auf dem Teig gleichmäßig verteilen und in die Masse drücken.

Den Kuchen bei 160–170 °C etwa 50 Minuten bei Umluft backen.

Den noch leicht warmen Kuchen aus der Form stürzen, mit gekochter Aprikosenmarmelade anpinseln und die Mandelblättchen aufstreuen. Puderzucker mit Zitronensaft zusammenrühren, bis eine Glasur entsteht.

Wenn der Kuchen abgekühlt ist, die Glasur aufstreichen.

Noch mehr Begegnungen

Q-Café
Q-Hof Raunecker
Q-Hof 1
89561 Frickingen
Tel. 07326/75 78
q-hof-raunecker.de

Café Ver-edelt
Herwartstraße 3
89551 Königsbronn
07328/922 99 29
ver-edelt.de

Hofcafé Kirchheim/Teck
Max-Eyth-Straße 20
73230 Kirchheim unter Teck
Tel. 07021/720 61 02
sulzburghof.de

´s Urkörnle
Norbert Wiese
Hermann-Staudinger-Straße 25
72525 Münsingen
Tel. 07381/930 59 00
urkoernle.de

Lagerhaus an der Lauter
Lautertalstraße 65
72532 Gomadingen
Tel. 07385/96 58 25
lagerhaus-lauter.de

Amselstüble
Amselstraße 4/1
72336 Balingen
Tel. 07433/907 96 36
amselstueble-streichen.de

Zum Bergcafé
Im Gäßle 6
72459 Albstadt-Burgfelden
Tel. 07435/365
bergcafe-burgfelden.de

Museum Schloss Hellenstein
Schloss Hellenstein
89522 Heidenheim
Tel. 07321/327 49 10
tourismus-heidenheim.de

Städtische Galerie Ehingen
Tränkberg 9
89584 Ehingen (Donau)
Tel. 07391/771 43 75
galerie.ehingen.de

Galerie Schrade
Schloss Mochental
Mochental 1
89584 Ehingen (Donau)
Tel. 07375/418
galerie-schrade.de

Den Besuch in einem Café oder Atelier kann man wunderbar mit einer Wanderung auf der Schwäbischen Alb verbinden – wie hier auf die Ruine Hohengundelfingen.

Sphäre Kunstgalerie
Obere Kirchstraße 14
72534 Hayingen
Tel. 01523/842 16 82
galerie-sphaere.de

Hohenzollerisches Landesmuseum
Schlossplatz 5
72379 Hechingen
Tel. 07471/94 01 87
hzl-museum.de

SKULPTURENWEGE

Lebens-Horizont-Weg
Zwischen Lauterach und Mundingen, kurz vor dem Ortseingang Mundingen auf der linken Seite.
besinnungsweg-ehinger-alb.de

Skulpturen-Panorama-Weg
Parkplatz auf dem Sickersberg
Messstetten
stadt-messstetten.de

Register

Impressum

Verantwortlich: Lea Niesler
Idee & Konzeption: Angelika Dietrich
Lektorat: Marion Landwehr
Layout: Elke Mader
Kartografie: Bruckmann Kartografie, Heidi Schmalfuß
Repro: Ludwig:media
Herstellung: Bettina Schippel
Printed in Turkey by Elma Basim Yayin ve

★★★★★

Sind Sie mit diesem Titel zufrieden? Dann würden wir uns über Ihre Weiterempfehlung freuen. Erzählen Sie es im Freundeskreis, berichten Sie Ihrem Buchhändler oder bewerten Sie bei Onlinekauf. Und wenn Sie Kritik, Korrekturen oder Aktualisierungen haben, freuen wir uns über Ihre Nachricht an J. Berg Verlag, Postfach 40 02 09, D-80702 München oder per E-Mail an lektorat@verlagshaus.de.

Unser komplettes Programm finden Sie unter www.j-berg-verlag.de

In diesem Buch wird aus Gründen der besseren Lesbarkeit das generische Maskulinum verwendet. Weibliche und anderweitige Geschlechteridentitäten werden dabei ausdrücklich mitgemeint, soweit es für die Aussage erforderlich ist.

Empfehlung der Redaktion
Sie sind auf der Suche nach weiterführender Literatur? Dann empfehlen wir Ihnen den Titel »Hofläden und Manufakturen Schwäbische Alb« von Antje Gerstenecker. Hier werden Sie bestimmt fündig.

Bildnachweis: Alle Bilder im Innenteil und auf dem Umschlag stammen von Antje Gerstenecker, mit Ausnahme von S. 8, 13 Oh Mother, S. 15/16 Biotal-Hofgemeinschaft, S. 21–23 Letterbube, S. 23 Backbube, S. 26–31 Lui.Liebe, S. 33, 35, 37 Hof Ziegelhütte, S. 41 u. 43 Holz und Kunst Stüble, S. 44–49 Urwüchsig, S. 54/55 Schmuckbar, S. 56–61 Sulzburghof, S. 67 Corinna Mayer-Schmidt, S. 69–73 Alte Mühle Grabenstetten, S. 79 Lesya Dolyuk/Shutterstock, S. 87 einzig nicht artig, S. 97 image north/Shutterstock, S. 103 Café Hanner, S. 105/106, S. 111 Trendcafé Krone, S. 119/120 Stanka's Café, S. 125–129 Caro•s Deli, S. 131 Die Melange, S. 136 Foto Lengerer, S. 151–155 Café Seelos Foto C. Goebels.
Umschlagvorderseite: Stankas Café und Farbpalette bei Christoph Menzel
Umschlagrückseite: Einladend gedeckter tisch bei Uhrwüchsigs

Die Deutsche Nationalbibliothek verzeichnet diese Publikation in der Deutschen Nationalbibliografie; detaillierte bibliografische Daten sind im Internet über http://dnb.d-nb.de abrufbar.

Bruckmann Verlag GmbH
Infanteriestraße 11a
80797 München

ISBN 978-3-86246-772-3